新手入門

# 塔羅牌學習聖經

# 自我觀想與探索的塔羅旅程

很多人以為塔羅牌只是撲克牌算命的工具，這實在小看了塔羅的奧祕；就像易經不該只是用來占卜一樣。

我一直對塔羅祕術很有興趣，尤其是特別關心塔羅和古老宗教的關聯。塔羅的祕術最早發源於埃及；猶太卡巴拉生命之樹的圖象亦是塔羅的法術。中世紀不少煉金術的意象中也有塔羅的符碼；而塔羅的基本四象也來自古老的占星術。

但關於這一切，卻是不少現在玩塔羅牌的人所不知或不關心的。這點實在很可惜，因為塔羅牌易學難精，難就難在塔羅牌就像一扇精美細緻的彩色玻璃雕刻大門，只有透過神祕學之光，才可能看清堂奧。

貓頭鷹出版的《新手入門塔羅牌學習聖經》是我在國內看過的中文塔羅書譯本中較滿意的，因為這本書脫離了一般流行塔羅書簡化人生問題與答案的傾向，讓人們透過塔羅牌對生命發問的過程，成為可以幫助生命成長與自我探索的旅程。

塔羅牌的圖像排列都是奧祕的生命心象，這點可說是生命中不意外的「偶然與巧合」，亦即榮格所言的「宇宙同時性現象」。因此，當我們在為塔羅的圖像解謎時，就等於在為自己的生命迷宮找出口一般。

不管是玩塔羅牌或研究塔羅，都必須保持心靈的開放系統，敏感地接受「神喻」的啟示。本書的作者在解釋塔羅牌的祕儀時頗具巧思慧心，尤其她懂得運用塔羅牌觀想，以達到靜心。的確，塔羅牌是靈魂的鏡像，清靜的冥想才能使鏡像乾淨無垢，才能呈現清明的心象。

塔羅祕術雖然有趣也有意義，但我卻不太贊成不懂塔羅的人亂找他人玩塔羅牌。因為塔羅有關生命的祕法，擁有不同層次的生命能量，懂得聖人之道者，塔羅是向上昇華的力量，反之在蒙昧無明的人手中，塔羅揭示的卻可能是沈淪的魔像。

塔羅，可以是生命轉化的工具，這本書是不錯的起點，讓人對塔羅祕術稍微尊重些。

看完本書，你會更了解，塔羅的象徵都是心念。心想事成，生命中的成住壞空，都是心念的幻影。

知名作家

韓良露

新手入門

# 塔羅牌學習聖經

羅蕾萊夫人　　　著
韓良露　　　　　鄭重推薦
胡妙芬　　　　　譯

貓頭鷹

# 新手入門塔羅牌學習聖經

First published in 2004 under the title
Tarot Life Planner by Hamlyn, an imprint of
Octopus Publishing Group Ltd
2-4 Heron Quays, Docklands, London E14 4JP
© 2004 Octopus Publishing Group
Complex Chinese copyright © 2006、2008 Owl Publishing House
All rights reserved.

作者　羅蕾萊夫人（Lady Lorelei）
翻譯　胡妙芬
出版　貓頭鷹出版
發行人　涂玉雲
發行　英屬蓋曼群島商家庭傳媒股份有限公司城邦分公司
　　　104台北市民生東路二段141號2樓
購書服務專線　02-2500 7718～9
24小時傳真服務　02-2500 1990～1
購書服務信箱　service@readingclub.com.tw
服務時間　周一至周五上午09:30-12:00；下午13:30-17:00
劃撥帳號：19863813／戶名：書虫股份有限公司
香港發行　城邦（香港）出版集團　　電話 852-25086231／傳真 852-25789337
馬新發行　城邦（馬新）出版集團　　電話 603-90563833／傳真 603-90562833
印製　成陽印刷股份有限公司
初版　2007年1月／二版一刷　2008年10月
定價　新台幣650元
ISBN　978-986-6651-35-9
有著作權・侵害必究

總編輯　謝宜英
責任編輯　陳怡琳
特約編輯　莊雪珠
編輯協力　邱光月　洪韻涵　黃婉甄
文字校對　魏秋綢
美術編輯　謝宜欣
封面設計　林敏煌
塔羅牌美術構成　鍾燕貞
社長　陳穎青
貓頭鷹知識網　www.owls.tw
讀者服務信箱　owl@cph.com.tw

城邦讀書花園
www.cite.com.tw

# 目次

本書獻給總是以身作則來激勵我的哈利、熱心鼓舞我的哈利，還有讓我為生命陶醉的，還是哈利。

謝謝莎拉為我編輯這本書和《吉普賽占卜》；謝謝媽媽為我在家準備了塔羅牌；尤其要謝謝律師瑪麗莎，她是家庭暴力公民法律服務事務所的執行長——她知道我的理由。

# 前言

一直以來，神祕學與心靈的力量總是令我深深著迷；但
有一回，我媽說：「在我們家，不談論那檔子事。」因
此，我就沒有多加鑽研。直到很久以後，離家攻讀電
子工程的學位，約有十年時間，我住在吠陀寺廟中，
過著出家人般的生活。在此之後，我又回到原點，買
下一副塔羅牌，開始往我的內在尋找「我是誰」。

　　當時約莫是1997年，我自此發現塔羅牌是自我探
索與規畫生活的極佳工具。我不是靈媒，也不懂讀心
術，更不能與亡者溝通，也無法在常理判斷之外正確
的預測未來。我為自己或他人解讀塔羅牌的能力，完
全來自於廣泛的生活經驗，以及我為了了解物質與非物質世界的真理所付出的一
切努力。

　　記得某本科幻小說裡有一位人物，他出身軍旅，打算放下一切出家修行；後
來卻被徵召指揮一場星際任務。在過程中，他一次又一次的自我改造，深深引起
我的共鳴。在我的人生規畫中，我曾經打算當個工程師，但在努力追尋快樂與生
活情趣的過程中，漸漸改變了初衷。現在的我教授塔羅牌、援救流浪貓，下一步
會做什麼？嗯……誰知道呢？

　　撰寫本書是為了想和大家分享我的發現——塔羅牌真的用處多多，除了重新
改造自己，更能貼近真實的自我。在此，我切入的角度是非常個人化、精神層面
的，有時候會涉及我以塔羅牌和神祇溝通的經驗；沒有排擠特定宗教或沒有宗教
信仰者的意思，純粹只是我個人的習慣用語。本書是我個人如何使用塔羅牌的經
驗之談，沒有絕對的對錯。當你閱讀本書或使用塔羅牌時，請聆聽自我內在的智
慧。同時也歡迎你來我的網站www.tarotgoddess.net逛逛，分享你的觀點。

# 第一部

# 認識塔羅牌

傳統的塔羅牌由78張圖牌組成。其中56張稱爲小阿爾克納,有權杖、聖杯、寶劍和錢幣四種花色,每種花色各有14張牌。另外的22張牌則是大阿爾克納,沒有特定的花色。現代52張的撲克牌,便是由小阿爾克納中扣除四張侍從牌而來。塔羅牌原本用於遊戲與賭博,後來才開始用來算命。

　　牌面上的圖案是象徵性的,代表所面臨的問題與不幸、快樂與成就。錢幣很明顯的象徵金錢、財富與成功,但同時也代表身體、家庭以及所有物質面的事項。塔羅牌的符號象徵不是固定的,它會不斷的演變;比方說,古時候的實際生活中,眞的有侍從、騎在馬背上的騎士、統治人民的國王與皇后,牌面上的這些形象就會勾起特定的、發自內心的意義。但現在,同樣的牌只象徵生活中不同的階段、身分地位和成熟度。

## 解讀象徵符號

現在是個令人興奮的塔羅時代。市面上有數百副精美的塔羅牌流通,是許多大師秉持傳統的牌義象徵,根據豐富的解牌經驗,所創造出符合現代意義的新牌。例如羅倫的岩畫藝術塔羅牌,是以原始洞穴壁畫的畫風繪製,但使用的卻是現代的用語,像是愚人的純眞等。要想了解塔羅牌並從中獲得最大助益,關鍵在於解牌時保持開放的態度。

　　比方說,任何解牌師在面對戰車這張牌時,都能解讀出問題中自

我控制或自律的相關訊息，但只有你自己，在看到綁在戰士腰上的紅緞帶時，會聯想到因為分手難過而大吃特吃的那盒巧克力盒上的蝴蝶結，進而提醒自己自我控制的課題。當你留給自己越充分的時間反省近期的生活，就越能從牌圖的各個細節，像是馬拖著重擔、駕駛指揮馬兒、沉重的馬車，甚至傳遞指令與情感的韁繩中看見自己。塔羅牌真正的優點和不可思議之處，就在於它所傳達的訊息對於我們每個人而言是如此的切身與親密。

### 經典塔羅

貫穿本書的這副塔羅牌，是西元1823年由德拉若卡刻畫，現由聖甲蟲出版的「經典塔羅」。畫風類似十五世紀中葉繪成的「威斯康提塔羅」。在我眼中，經典塔羅是最精美的塔羅牌；但市面上仍有許多其他塔羅牌可供挑選，本書所提供的解牌法可適用於任何牌種。

## 簡介
# 什麼是塔羅牌？

傳統上，塔羅牌用來占卜；不過有些神祕團體對此嗤之以鼻，堅持塔羅牌應該有更深奧神祕的用途。現在，塔羅牌被視為一種幫助個人成長，而且具有治療效用的有力工具。現代最受歡迎的塔羅牌，應屬偉特塔羅。這副牌在1910年由萊德出版、史密斯繪製，是首先在小阿爾克納牌面上繪製完整圖畫的塔羅牌之一。在此之前，一（即王牌）到十號數字牌的牌面上僅有重複的花色圖案，像是一個錢幣、兩個錢幣、三個錢幣等等。本書示範的圖解以經典塔羅為例。

### 尋找解答

初學者往往在身陷困境且找不到簡單明顯的解決辦法時，才轉而求助於塔羅牌。遇到愛人翻臉不認人、帳單到期了卻付不出來、意外發生，或是工作倦勤時，塔羅牌的確可以為你指點迷津。不過，更高竿的塔羅牌玩家卻能利用塔羅牌未雨綢繆，在事情還沒發生前就找出因應的解決之道。請記住，讀這本書是要尋求生命正面的轉變，你正在接觸並信任內在的自我，所以很重要的一點是，盡量只使用正面思考且帶來希望的象徵與牌義。仔細檢視每張牌圖，感受它多方面的含意，作出正面且鼓舞人心的解讀。用塔羅牌占卜時，也盡量循著解決問題的脈絡來發問，並使用肯定生命的正向語言來解牌。

## 正面能量

許多人一再問我，要如何正確的發牌？或是爲什麼同一張牌不斷的重複出現？其實，這些都是同步發生的。每一個結果都透過提出問題、洗牌、擺牌陣和解牌的過程而被拼湊出來。我們的宇宙其實具有生命，而且隨時在傾聽。每當你透過許願或內心的念頭表達你的渴望，就會向外送出能量；每一個行動，也都會有相對的回應。發出願望或懷有某個想法，就會有某種特定的能量反回來作用在你身上。如果你發出的念頭是自己不可能找到適合的另一半（或是一份好的工作、足夠的金錢），結果會是怎樣呢？你就眞的不會成功。相反的，如果你發出將會找到完美伴侶（或是一份令人滿意的職業、豐足的錢）的念頭，詢問塔羅牌如何達成，那你就眞的會如願！

對許多只從聳動的電影情節來了解塔羅牌的人來說，塔羅牌會有點令人恐懼，尤其當出現的是死神或吊人等代表「黑暗面」牌的時候。事實上，死亡和犧牲是我們日常生活的一部分。每個白晝都在黑暗降臨時死亡；我們則犧牲時間和精力來維持生計。學習這78張塔羅牌後，無知所帶來的恐懼就會自然消失。

### 凡人的旅程

人一出生就步上一段旅程。我們學習家庭與友誼的真諦，並在離開之後體會它的短暫無常。我們面對誘惑，然後經歷失望與挫敗。我們品嘗成功的滋味，發掘世間的美與真諦，最後獲得智慧與知識。塔羅牌牌面的圖案闡明了所有凡人都會經歷的這些階段。我們每個人都必經歷出生、成長、愛與完成，也都會面臨掙扎、匱乏、對抗與欲求。每張牌圖都象徵宇宙間的真理，跨越語言的障礙、文化或政治立場的差異。你比任何人都更明瞭，每張牌對你自己的生命的象徵意義。你是凡夫俗子，但同時也是獨一無二的。

# 大阿爾克納與小阿爾克納

生命是一連串目標逐步達成的過程，從小寶寶成功跨出第一步，到長大後的每一個畢業典禮等等。內在的成長同樣也具有階段性。小阿爾克納中的數字牌顯示你在四個面向上的進展，包括：意志力／直覺；情感／人際關係；心靈／理性；身體／財物，其主要的能量特質也分別以四種花色來代表：權杖、聖杯、寶劍與錢幣。而宮廷牌，即侍衛、騎士、皇后與國王，則暗示你在這四個面向的位階與成熟度。

　　大阿爾克納則關係生命的制高點，包括重大的決策關頭與生命事項。從頭到尾，大阿爾克納代表　趟發現自我的「英雄之旅」（見18-61頁），旅途中所象徵的含意比小阿爾克納來得既高且深。許多大阿爾克納所代表的精神與能量，也會反映在小阿爾克納的牌面上，但就如同一段聲音相同但較微弱的回音。比方說，愚人這張牌可能顯示即將展開未知領域的一場冒險；而小阿爾克納四種花色的王牌，則只象徵在該方面中某個過程的開始。

## 逆位

逆位，即倒牌，指的是以上下顛倒姿態出現的牌。有些塔羅牌解讀師基於世界上負面的東西已經夠多了，傾向於不使用或不解釋逆位牌；但我個人覺得，使用逆位牌可以增加解牌師與塔羅牌之間的溝通能力，對於事情來臨前的因應計畫更有幫助。

　　同一張牌，逆位會顯示與正位不同的含意，但不盡然是相反的。以下列出十種逆位的解釋方式。占卜時，提問題的方式譬如：「我該做些什麼？」或「今天我會發生什麼事？」就會稍微影響到解牌的方向；同時，使用不同的牌陣，例如身／心／靈占卜法或好／較好／最好占卜法時，逆位牌的解讀方式也可能會有所不同。第三個影響解牌的因素，是「位置意義」，譬如同一張牌出現在代表物質層面的「身體」位置，或代表靈性層面的「靈魂」位置，就會激盪出不同的意義（見104-105頁，身心靈牌陣的解牌實例）。

## 逆位牌的十種解法

**出現麻煩**：許多人會對塔羅牌有興趣是因為生命出現麻煩。比方說，當錢幣王牌在牌陣上出現，可能代表求問者即將步向新的成就，但若是逆位，卻可能因這項成就而帶來麻煩。

**意義相反**：如果錢幣王牌代表通往新的成就，那錢幣王牌的逆位也可解釋為相反的意義，即無法達到新的成就。

**遇到阻礙**：這種解釋法表示牌上暗示的含意或方向的確出現了，但卻出現了阻礙，無法完全呈現，必須多付出一番努力才能達成。

**較弱的訊息**：逆位與正位的含意相同，但是逆位時的訊息以較弱的形式顯現。

**欠缺**：逆位表示缺少正位所代表的精神或事項，只要補足這個欠缺，事情就能較順利發展。

**警告**：逆位解釋為一項警訊，表示目前進行的事項將有麻煩，或將發生危險。

**否認（或壓抑）**：逆位表示提問者壓抑或拒絕承認正位所顯示的牌義，儘管正位的牌義正符合他本身或他所面臨的狀況。

**延遲**：顯示正位的牌義因為某種原因而被拖延了，事情終究會自然達成。

**消退**：正位所顯示的事項正在消退，不會持續存在。

**控制**：正位顯示目前出現的問題是可掌控的，那逆位就表示，形成問題的根源並沒有獲得解決，麻煩可能還會隨時出現。

# 塔羅的魔法儀式

在本書中，我將告訴你塔羅牌多方面的用途，包括如何解讀自己或他人的基本特質、使用塔羅牌來靜心、對生涯規畫的建議，甚至深入的了解你是誰、從何而來、幫助評估及確認你的方向、建立一段新關係或修補舊關係、輔助治療過程或甚至探索你遺傳密碼中的祕密。

　　每一張大阿爾克納都代表一股可以被釋放的能量，你可以讓它具體的顯現在生命中；或相反的，使它消失不見。例如，如果你想要祈求生命中有愛，就該擁抱戀人這張塔羅牌所提示的能量，對愛完全敞開自我。相反的，如果你不想要，就破壞或抗拒這張牌及從牌中所執意釋放的能量。

## 施咒

請記住，不管是為了顯現或驅逐某種能量，這裡所提到的咒語，真的就只是咒語而已，並不是魔法的入門，以下提到唸咒語時的基本知識與準備方法也只是假設性的，你必須為自己的行動和結果負全責。我建議你，先設一個保護圈，創造一個神聖的空間。你可以依自己的方法去做，也可以簡單的誦唸以下的文字：

> 東方的守護神，風要素，智慧與洞察的力量，請在此降臨！
> 南方的守護神，火要素，熱情與行動的力量，請在此降臨！
> 西方的守護神，水要素，治療與情感的力量，請在此降臨！
> 北方的守護神，土要素，穩定與成功的力量，請在此降臨！

唸完咒語後，讓你的身心平穩下來，感受到平靜、平衡並連結到自己的中心。大部分人透過靜坐與深呼吸以達到這種穩定與集中的狀態。一旦牌義所暗示的能量被釋放或摧毀了，你可以進行反向的程序——解除保

### 驅逐性咒語

我極力建議為魔法儀式多準備一副相同的牌。有些占卜師終生只用同一副牌，但如此一來就無法使用摧毀性的咒語了。在唸驅逐性咒語時，你可以斟酌要不要破壞塔羅牌；不過，當我極度渴望把某種能量徹底從生命中除去時，沒有什麼比親眼看著它向上灰飛煙滅，具有更強的威力了！要注意燭油、灰燼、水，更別說是火了，這些都會使塔羅牌褪色甚至毀壞。進行驅逐儀式前，心中要先確定做了不會後悔；同樣的，召喚某種能量進入你的生命之前，也要確認是否是自己真正想要的。

護圈、把身心穩定下來、與自我的中心連結，把注意力的焦點收回來。解除保護圈時，你可以誦念：

> 東方的守護神，風要素，智慧與洞察的力量，我將你釋放！
> 南方的守護神，火要素，熱情與行動的力量，我將你釋放！
> 西方的守護神，水要素，治療與情感的力量，我將你釋放！
> 北方的守護神，土要素，穩定與成功的力量，我將你釋放！

### 把你的目標「影像化」

施咒時，專注在牌面上，全心全意的想像你想要達成的事項。創造神聖的空間過程中，心裡要一直想著你想達成的目標，請求你的更高力量幫助你，你也可以點蠟燭、薰香或進行任何你喜歡的儀式。如果是建設性的咒語，就把牌放在明顯可見的地方，或壓在不會被火燒到的燭台下，直到蠟燭完全燒盡為止。相反的，如果是破壞性的咒語，先清出一個安全不著火的空間，把牌燒掉或是掩埋在不受雨淋的深處。釋放並驅逐能量的程序必須完整而徹底，以免這張牌日後又重新與你產生連結。

# 第一章
# 大阿爾克納

塔羅牌眞正的奧妙之處，就在於它揭示神祕的自我發現之旅，從跌跌撞撞的愚人，到充滿智慧的隱士，最後達到天人合一的境界。本章將逐一探討每張大阿爾克納所象徵的牌義，以及適用於現代生活的解讀方式。每張牌介紹完之後都有一個練習，幫助你熟習塔羅牌的基礎牌義。「用塔羅牌改變你的人生」單元，則教你如何顯現或驅逐某種能量：「顯現」是代表爲你激發、創造、增加或召喚某種能量；相反的，「驅逐」則是平息、移除、摧毀或使某種能量離你遠去。處理這些能量時，要先確定心中有十分堅定的意願。如果沒有明確的目標，可能會招致反效果，驅逐想要召喚的能量或反而增強不想要的能量。

## 英雄始自「愚人」

我們心目中的英雄從何而來？誕生於何地？以什麼爲食？接受何種的教育？以什麼營生？在現實生活中，英雄的路程全始自「愚人」。愚人勇於抓住機會、魯莽行事，也經常犯錯。但是，經過學習與認眞的努力，愚人開始熟練技巧、匯聚知識，有了些許改變，蛻變成「魔術師」。接著，他轉向內在的探索，變成「女祭司」，然後在「女皇」階段將內在旅程中的新發現，落實爲豐富的生產力。到此，曾是愚人的他已有意義重大的東西成形，他會像「皇帝」一樣，小心呵護它，爲它負起責任。接著，他會開始顧慮它在別人眼中的評價，並體認自己在社會裡「祭司」的地位。他在「戀人」陷入浪漫關係，或許會短暫的迷失自己，但終究在「戰車」階段重新掌握自我。

## 愚人的成長

在「正義」中，愚人透過自身行為的結果而成長，但也因為在「正義」、「戀人」中困惑而激情的經驗，使得他在「隱士」階段中，避開人群，尋找全新的更高智慧。在「命運之輪」中，他深刻的了解生命之輪永無止盡、無法掌握，決心以「力量」掌控內在的自我。

## 愚人終成英雄

愚人在「吊人」階段犧牲奉獻，也在「死神」降臨時，失去永遠無法找回的東西；他在「節制」瞥見永恆之美，不慍不火的繼續旅程；他在「惡魔」受到誘惑，在「高塔」遭逢劇變。這些經驗引領他在「星星」體會內在的美、力量與智慧，最後他與「月亮」的幻象奮力一搏，然後進入「太陽」澄淨清明的境界。最後，他已為「審判」做好準備，步向「世界」。

你準備好展開你的英雄之旅了嗎？

# 0 愚人 The Fool
## 啓程

在經典塔羅牌中，愚人的牌面上畫著一個年輕人，一腳正要踩空跌入懸崖，眼睛卻還向上望著天空。通常還會有隻小狗在旁邊警告他，但他卻完全不留意。因此，這張牌代表開啓一段旅程、冒險，或因無知而招致的人際關係。愚人的行徑必須具備某種勇氣，或許帶著點不顧後果的意味，但仍需要堅定的決心與自主性。這張牌顯示依你自己的方式行事，隨著內在的樂音起舞。

愚人代表著最初的開始，如同精卵剛結合時出現的生命火花。對於不朽的靈魂而言，肉身的誕生便是又一世的開始，也是一個全新的舞台、過程與奮鬥。跨出崖壁卻不瞻前顧後代表愚蠢的抉擇，就像孩子的選擇往往辜負父母的期望，學生也常忽略師長的忠告與教誨，但卻因此而發現、征服了新的世界。愚人的祝福是勇於冒險的英雄氣概，產生令人刮目相看的結果。

IL MATTO

### 逆位牌義
- 開始就遇到阻礙。
- 我有個很棒的想法，但卻無法落實。
- 我沒有錢、沒時間、沒體力、沒意願、沒有空間、沒車、沒同伴……所以沒辦法著手進行。簡單來講，我就是不想動手做這件事情。
- 做無聊的事來引起別人注意：只是因為別人勸阻，我就偏朝懸崖跨出去。

### 出現的意義
愚人的出現是在向你顯現勇敢去做的方向，這也是直抵內心真正欲望的唯一途徑。它要你深入某件事情，開始追逐夢想，否則夢想要如何實現呢？

## 用塔羅牌改變你的人生

每一張大阿爾克納都能用來使特定的事項從你的人生中顯現或消失。愚人代表期待新的開始，每當你執行新計畫，或邁入人生的新階段時，就可以使用這張牌。若你想驅逐生活中的某件事物，利用它來消除愚蠢的行為，或避免踏出錯誤的第一步。

## 練習

這個練習可以用在每一張牌，好讓你熟悉它的牌義。找個光線充足的地方，舒服的坐下來，將愚人放在前方，筆記本放在身旁。安靜下來，注意力歸於自我的中心。當你感到身心平和下來時：

- 望著牌，描述一下你看到什麼？
- 再次留意顏色、樣式、背景或前景，看看是否遺漏了什麼？觀察人物的動作，想像他們在想什麼，仔細端詳他們的面部表情。
- 想想當下在一天中的時間，在一年中的季節。
- 這些影像與符號爲你帶來什麼意義？從你切身的經驗中，找出一個具體的例子。
- 這張牌還有什麼其他含意？它還讓你想到什麼？
- 每個人都有獨特的信仰或宗教。這張牌有沒有什麼地方與你的信仰系統相符合？或激發出什麼特殊意義？
- 現在，把牌上下顛倒（逆位）。描述一下你看到什麼，將牌逆位後讓你想到什麼？有什麼感受？
- 解讀一下，逆位牌暗示些什麼？
- 擬幾個關鍵字，讓你容易聯想到這張牌帶出的意義。

### 個案解析

曾經有個徘徊在多位女子之間的男士找上我，希望事情有所解決。占卜時，在代表他目前當務之急的位置，出現愚人這張牌（我最愛用這個例子來解釋愚人出現的含意）。我問他，這些女子中，他覺得哪一個最傻？他回答：「有著奇怪幽默感的那一個。」我告訴他，這一位就是真命天女了！結果不到半年，他向她求婚，這位女子也答應了。他不但為愛情成為愚人，也帶著愚人的勇氣跨上懸崖、步上愚人的旅程。很快的，這轉化成他的英雄之旅，讓他成為人夫。

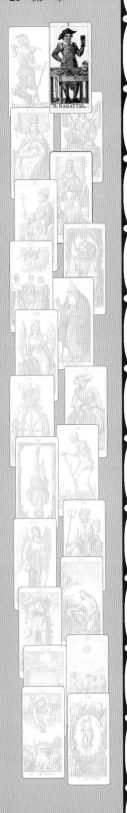

# 1 魔術師 The Magician
## 旅程中的力量

在被遺忘的時代，魔術師曾是神通廣大的煉金術士，在現代則像是一位科學家。他鑽研事物的本質，推斷結論，然後依此進行改變，以達成想要的結果。魔術師象徵你在現況中，以意志力改變宿命的力量。一方面來說，魔術師學習事物運作的方式；但從其他角度來看，其實是魔術師推動了事物的運作。

作為一個魔術師，我們使用各種有助益的工具，包括護身符、書寫用的筆、電腦、黑板等，任何物品皆可，也包括較無形的東西，像是某人的特質或想法等。魔術師讓我們將能量導入各種適當的工具，然後影響我們所想要的改變。

提出需求必須十分慎重，因為它可能會成真。每當你想利用塔羅牌進行魔法儀式或改變現況時，都要謹記這點，太過頭可能反而為結果所累。沒錯，你的確擁有力量，但懂得如何駕馭它嗎？準備好接受它所帶來的結果了嗎？

### 逆位牌義

• 付出努力卻事與願違。我的願望沒有達成，或雖達成，但並不是我想要的。
• 使用了錯誤的工具。比方說，想在工作上有所升遷，我所選擇的工具像是自信、服從、加班、團隊合作等，卻沒有為我帶來機會。
• 努力的方向是錯誤的，但卻沒有白費：我可以從錯誤中學習，再試一次。

### 出現的意義

魔術師為你點出你的能力，足以讓某件事情有個小小的改變，接著影響更巨大的變化。改變旁人的看法固然令人驚喜，但首先要從自身的調整開始。請嚴肅考量任何改變所帶來的各種影響。

### 用塔羅牌改變你的人生

利用這張牌將你內在的意志力展現到外在的情況中，達成你想要的改變。如果你想召回你的意志力，或做某些改變，可以利用這張牌來進行驅逐儀式。

## 練習

這個練習的目的，是要開啓你對心靈的洞察力，並集中在塔羅牌上，將它視爲自我引導與正面轉變的工具。你需要一枝紫色的蠟燭，和一個可以在蠟燭上刻字的小工具，像是牙籤或削皮刀都可。第三眼脈輪（見148-151頁）的代表色便是紫色，位置就落在前額兩眼的中間，這是心靈洞察力與直覺力的中心。

• 在蠟燭上刻上你的名字和塔羅牌的名字。
• 將蠟燭放在塔羅牌後方的燭台上，注意避免著火。
• 將心思完全集中在本練習的目的上。
• 點燃蠟燭，把手放在牌上。
• 凝視火焰，讓各種關於塔羅牌的想法或解釋意義流過你的腦海。
• 逐張瀏覽塔羅牌。
• 洗牌，只要沒有不舒服的感覺，還可以隨性把玩一下你的牌。
• 直接讓蠟燭燒盡或把它熄滅，下次再做本項練習時可以再使用。

### 魔術師與人際關係

我對人際關係總是充滿疑問，尤其好奇有些人的舉止為何總能做到恰到好處。雖然，未經同意就探討人家的感覺或動機是不道德的，但我還是認為有必要用塔羅牌來了解問卜者在某段關係中必須知道的事情。我曾經看過魔術師呈現逆位，用來代表對方的狀況。當這種情況出現時，我會向問卜者解釋，對方並沒有發揮他個人的力量，他對實現彼此理想中的關係可能感到無力感。在有些個案中，對方的障礙是因為問卜者本身或某些因素而起。

# 2 女祭司 The High Priestess
## 內在的旅程

女祭司和學習內在智慧有關。這張牌也代表對外在事物的接納，讓事情順其自然發展。女祭司的獨到眼光，超出有形的眞實世界之外，看穿神祕黑暗的創造與存有。她教導我們認眞向內探索的價值，了解並和諧運用已然存在的力量。女祭司所帶出的訊息是認識並接納你的自我，隨順自然，傾聽內心的聲音，同時接受大自然中總是並肩存在的優點與缺點、混亂與順利。

這是一張強而有力卻帶著女性特質的牌，或許也反映出女人較容易受到自然與生命奧祕的感動。一般來說，女人的觀察力比較能超越事情的物質面，而男人慣於以較理性的方式來看待事情。女祭司這張牌鼓勵我們，暫且放下理性的思維，尋找性靈的知識，開發內在精神領域中的微妙可能性。

### 逆位牌義
- 我忽略了事物的本質，只專注於它們的表象。
- 試試比較不受拘束的一方。
- 我該接納內在的女性特質了。
- 我必須相信直覺，別再一味的否定無形的跡象。

### 出現的意義
我們每個人的內在都帶著特定的眞理與智慧；現代的心靈主義者談論著記載一切知識的阿卡沙祕錄，生物學者則探討基因記憶。女祭司的現身代表開始尋找內在智慧的動力，鼓勵我們探索古老的眞理、智慧、先人的遺訓以及神祕未知的領域。

## 用塔羅牌改變你的人生

召喚女祭司的能量，幫助你開始找尋內在的奧祕與真理。有時候，真相令人難以接受，或出現得不是時候，你還沒有做好準備，或者無法面時，你也可以釋放女祭司的能量來解除它。

## 練習

想要鍛鍊出更好、更有力的解牌技巧，請進行下列練習：

- 準備紙筆，逐項列出你想要利用塔羅牌完成的每件事情，例如：

   「我想要——更了解自己

   ——幫助別人自我了解

   ——學習塔羅牌豐富的歷史與文化

   ——成爲職業占卜師」

- 在列表中也納入幾條負面的事項，比方說：「我不想成爲雙面人」，或者「我不要因爲玩塔羅牌而受到別人的排擠」。

- 睡覺前，把列表壓在枕頭下。第二天早上起床後，燒掉它，把你的欲望釋放到空氣中。

### 個案解析

許多人利用塔羅牌來尋找內在的奧祕，因此，女祭司往往成為他們第一張能夠感同身受的牌。有一位女士來找我，希望能決定是否要結束一段停滯不前的感情。過去一年以來，她一直希望能夠復合，但男方不斷找藉口搪塞。牌面上出現女祭司，解答了她的疑問：「我該如何維繫這段感情？」我告訴她，應該傾聽並信任自己發自內心深處的聲音。她決定維持舊有的朋友關係，後來不到三個月，他們又成為男女朋友。

# 3 女皇 The Empress
## 旅程中的概念

女皇生活在單純嚴謹的國度裡。她以健康、充滿生命力的面貌出現，許多人將她視爲魔術師與女祭司結合的成果。女皇同時象徵世俗的成功與收穫，以及過程中付出心力培養出來的概念。她顯得平穩、歸於中心、穩固，且樂於幫助他人。只要想想花朵、植物、園藝、春天的播種、看著植物的生長，就不難了解女皇的含意。你自己也可試著在生活中孕育某些事物，催生它，幫助它成長。

女皇是統治者，地位在皇后之上，但卻身段柔軟，以國家人民爲念。雖然身分尊貴，實際上屬於自己的東西卻很少，她所擁有的每項東西，都屬於她的子民。女皇所傳達的訊息是知足而快樂，隨時注意到自己的富足，並加以珍惜、灌漑，有朝一日，它們也將回饋給你。靜下心來，想想「富足」的眞正內涵，不虞匱乏對你來說有什麼意義？要懂得眞正的滿足。看看自己的需求如何實現與滿足，放棄「我的需求受挫」的假象。

### 逆位牌義

• 事情的發展受到阻礙。
• 我無法讓這個計畫度過難關。
• 我對於所擁有的一切，並無感恩之情。

### 出現的意義

女皇提醒你，追求健康、快樂、愛與成功所需要的條件，根本不需外求。當然，中了樂透或意外變得很富有，沒有理由不開心，但我們其實已經夠富足了。我們也都知道，物質層面的富有不一定能使人快樂，女皇更關心的是精神層面的豐富，內在的滿足才是眞正的滿足。

**用塔羅牌改變你的人生**

女皇代表新的生命。顯現女皇的能量，有助於孕育一個想法或計畫，接著催生它。驅逐女皇的能量，則能使生活中發展過快的事情放慢腳步或停止。

## 練習

這個練習有點像模仿秀，也就是「裝成他，直到你成為他」的概念。想要成為某一種人，第一步就是先模仿他的行為，彷彿你已經是那樣的人，只不過時候未到罷了。你可以用任何一張你想要「模仿」的牌，來進行這個練習。

- 把牌攤開，抽出女皇。
- 在塔羅筆記上，列出女皇的作為、穿著、她出現的場所，甚至她的思想等。有些塔羅牌畫的女皇是懷孕的，或從事園藝工作、織毛線，或只是威嚴的坐在寶座上。在經典塔羅中，女皇穿著緊身馬甲，一手握著權杖，另一手扶著上面畫著一隻老鷹的盾牌；她的皇冠看起來沉甸甸的，綴滿黃金、紅寶石、祖母綠和藍寶石；她王者般的凝視一切，並仁恤臣民。
- 想想你有什麼東西，可以用來模仿女皇，例如你可以找根大棍子，上面貼一些假的紅寶石，為自己做一支權杖；或把你最愛坐的椅子布置成很像「王位」的寶座。
- 為自己加冕，你就是命運的主宰。
- 告訴自己，不管任何事情你都應該很富足，因為你值得。你是個非凡的人物，應當得到最好的。

---

**個案解析**

我曾經參加一個工作坊，討論如何為自己加冕、認清自己其實有資格擁有任何美好的事物，並學習為生命追求豐富、充足的品質。帶領團體的人為每個學員都做了一次三張牌的占卜——標準的處境／障礙／解決方案牌陣，但他特別用女皇來作為描述個人處境的第一張牌，作用是強力的為生命顯現豐富與滿足。

輪到我時，第二張的「障礙」牌是錢幣侍從，顯示我應該改變觀點：不是全面成為女皇，而應該專心的從某方面著手。第三張牌是戀人，代表我要更愛自己、看重自己，相信自己值得得到愛與富足。

# 4 皇帝 The Emperor
## 旅程中的權力

皇帝是王中之王，擁有最終權力的最高統治者。由於幾乎皆以男性為代表，傳統的皇帝象徵陽性特質，例如統御力、進取心、決斷力、責任感等。他賦有使命，對宮廷中發生的事務及帝國人民的舉止負有責任。皇帝擁有許多諫臣，但仍須獨立做出最後定奪。皇帝高高在上，極盡奢華並享有崇高的權力，但卻有責任運用這一切來服務人民，而非濫用特權。

在某些文化裡，皇帝就等同於上帝；有些則是上帝在人世間的代表，有些則只是一個睿智、權威和幸運的男人。這張牌主要代表個人的權威與責任。皇帝在統治別人之前，必須先能掌控自己的生活，每天我們都面臨選擇，是否要像皇帝般掌控大局？要用神的標準還是凡人的標準來行事？還是摒棄立場，任由事物自由發展？試想誰才是你生命中的皇帝呢？

### 逆位牌義

- 我很不會處理權力隸屬關係，像是職場的管理經營、政府單位或是公家機關的繁文縟節。
- 我的威信有名無實，或者不受尊重。
- 沒有人要扛起責任，或者事情帶來負面的影響。
- 要下決定十分困難。

### 出現的意義

當我在1983年與傑出的心理學家暨哲學家賴瑞碰面時，他已經把原來的口號「正視它，處理它，脫離它」改成「正視它，處理它，掌管它」了！皇帝的出現提醒我們，每個人對自己的生命都有絕對的權力，你可以享有應得的富裕，理直氣壯的追求並運用在好的一面，在自己的生活中成為一個慈愛的獨裁者。

**用塔羅牌改變你的人生**

皇帝是權力的象徵，也代表著隨之而來的責任。顯現皇帝這張牌的能量，可以接納自己的主權，以及加諸在自己、他人和環境的影響。相反的，驅逐皇帝的能量，可以讓自己對某人或某事鬆手。

## 練習

生命中最令人沮喪的事情之一，便是我們無法依照自己的喜好來要求別人的行為。接下來的練習可以幫助你，認清自己對他人應有的權力，你也可以把它應用在別種關係或情況中。

把牌攤開，抽出皇帝，放在工作桌的上方，好讓你常常能看到他。他會常常提醒你，思考如何運用你的權力。

接著對剩下的牌提出三個問題，洗牌後抽出三張牌作為解答：

牌一　我對這個人（也可以是某個關係或狀況等）有什麼權威？

牌二　什麼阻礙了我的權力？

牌三　我如何運用權力？

### 解牌實例

**牌一　12 吊人 The Hanged Man**

我對這個人的權力來自於我為他所做的犧牲，或許我對他要求太高，期望他的回報與同等的犧牲，或者過分強調自己的付出。

**牌二　6 戀人 The Lovers**

愛讓我在整個狀況中顯得軟弱，無法發揮影響力。然而，建立關係或自我犧牲都出於自己的選擇，我也同樣能選擇脫離這段關係。

**牌三　10 命運之輪 The Wheel of Fortune**

命運之輪告訴我們要創造自己的好運。在這個案例中，出現這張牌勸我等待適當的時機，當我的戀人願意接受時，才發揮我的影響力，要求他改變行為。

# 5 祭司 The Hierophant
## 旅程的觀察者

在所有的社會、習俗和文化中，除了統治階層外，都還有為人指點迷津的權威人士，像是牧師、巫師或哲學家。祭司指導我們的行為，不盡然是落在法律的範疇內，通常屬於道德規範或關乎大眾的利益。他代表著外在的良知：社會的全知之眼，控制著個人的行為。這張牌代表由別人的意見來引導你個人的行為，不管是否符合你本人的對錯價值觀。

祭司很像是政治上或社會舞台上的「老大」。女祭司代表的是真正的神性，祭司則象徵非宗教的信條，差別在於你與神祇是否建立實質的連結，或只是在禮拜天出現在教堂裡，後者重於形式而缺少內涵。用另一種角度來比較祭司和皇帝，則出現「教堂」和「國土」的範圍差異。

### 逆位牌義

- 我只是在尋求認同，而非真理。
- 他人並不想理解我的行為或選擇。
- 我是社會的邊緣人物，有著獨特的見解。我能欣然接受這樣的角色，或選擇隨波媚俗。

### 出現的意義

祭司這張牌常常在問卜者有異於傳統的想法時出現，例如同志結婚等。相較之下，聖杯十則代表一段圓滿的長期關係中的情感或細節，祭司則對白紗禮服或在賓客面前交換誓言和婚戒比較有興趣，這不是什麼壞事。社會的既定習俗、傳統禮教與規範確實帶來許多好處，但長期活在規範之下，會扼殺個人特質。

### 用塔羅牌改變你的人生

祭司掌握了權柄，而權柄本身無善無惡，他可能代表任何一個控制別人行為和選擇的領袖人物。顯現祭司的能量，能幫助你理解自己在社會中所處的地位。當你脫離某個專制人物的領導管轄，或想免除這位「老大」對自己行為的影響時，可以在神聖清靜的地方燒掉這張牌。

## 練習

在塔羅牌玩家中，「每日一牌」非常受到歡迎，也是絕佳的學習工具。跟每一次解牌一樣，首先讓身心安頓下來、回歸自我的中心，並且確立目標：

- 想想看，你真正想知道的是什麼？該如何提問才最清楚妥當？
- 依你喜愛的方式洗牌、切牌，然後抽出一張作為解答。
- 看著它靜心冥想，整天都在心中記掛這個主題。
- 在塔羅筆記裡寫下你的心得。

---

### 解牌實例

假設「每日一牌」抽到的是祭司，那麼下列的問題解法是：

- **我今天最重要的任務是什麼？**
  我今天要試著擺起官架子，對於某人希望你對他的行為「蓋章認可」，要有防心。

- **我今天首要學習了解的事情是什麼？**
  我期待朋友與社會的認同，但有時候卻為了得到認同，做出違背自己本性的行為。

- **今天我會學到什麼？**
  今天很適合分辨內在與外在良知的差別。試問，在沒有旁人看見的情況下，你對某些狀況會有什麼不同的反應？

- **我今天要對這個世界貢獻些什麼？**
  慎重行事，認真思考一下，自己的言行會對別人產生什麼影響？

- **今天有什麼是對我有益的？**
  今天我最好「乖」一點，「老大」正盯著我！

# 6 戀人 The Lovers
## 旅程中的抉擇

愛是神性的禮物，是至高的歡愉，也是眾人汲汲努力的目標。一旦中了愛神的箭，就像昏了頭似的飄飄然。戀愛常被奉為崇高、純潔的感情，愛的經驗也像是超然於世俗之外，它帶來的快樂與喜悅甚至可以治癒肉體的病痛。幾乎所有的歌曲都跟愛有關，包括男女之愛、獻給神的愛、父母對子女的愛、同儕間的革命情感或愛國情操等。

　　戀人與抉擇有關，它令人興奮，激發人類對完美浪漫結合的理想化憧憬。然而，有多少人耽於熱戀與肉欲，做出愚蠢的抉擇？有多少痛苦歸咎於愛？戀人涵蓋了各種程度的愛與情欲，並要求我們在其中做出抉擇。你要的是短暫的滿足？還是具有保障的長期關係？為了「獲得」，你願意「付出」多少？這些都只有你能決定，並有所行動。唯有先愛自己，才能愛這個世界！

### 逆位牌義

- 錯把肉欲當成愛情了。
- 出現不貞和不誠實的意味。
- 我必須重新考慮在這個狀況下所做的選擇。（在這個例子中，牌義可以更廣泛的解釋，這裡的選擇不一定和愛有關）
- 此時不太適合捲入戀愛的暴風圈。

### 出現的意義

戀人最常出現的情況，往往是問卜者急切的渴望愛情，但最該做的事其實是學習如何愛自己。只有在我們真正愛自己的時候，才能接受自己需要被值得愛的人所愛。

### 用塔羅牌改變你的人生

戀人的能量顯現到你的日常生活中，將各種形式的愛召喚到你的生命和內心。看重自己就能進一步影響你的人際關係，提升你的更高力量。否定戀人的能量，則可以驅除生命中愚蠢的情欲、沉迷，趕走膚淺的崇拜、過分的多愁善感或令人困窘的迷戀。

## 練習

「三張牌占卜法」或許是最受歡迎的牌陣，也最常用來練習。你可以針對某個事項啓發出三個觀點，那就綽綽有餘了；這三張牌也可能代表三個不同事項的梗概，或者因爲釐清其中兩項而在第三個事項上引發創意。爲自己提出三個貼切一點的問題，例如：

牌一　我的感情生活狀態如何？
牌二　有什麼阻礙了我的感情生活？
牌三　什麼對我的感情生活有幫助？

### 解牌實例

**牌一　1 魔術師（逆位）** The Magician
愛情能量的顯現受到阻礙。我的感情生活並沒有循著它應有的方式呈現，事情本來應該更順利，我也會更加滿意才對。

**牌二　3 女皇** The Empress
女皇象徵富足，這暗示我並沒有感覺到需求或缺乏，問題出在我對感情層面不夠努力。

**牌三　2 女祭司（逆位）** The High Priestess
逆位的女祭司告訴我，只要我停止靈性的追求，感情生活自然就會改善。聽起來倒簡單，問題是靈性追求正是我的生命之愛。

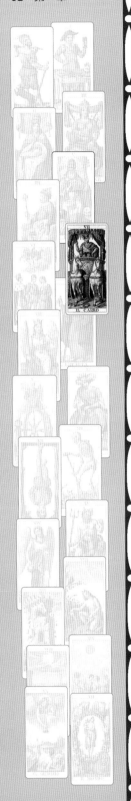

# 7 戰車 The Chariot
## 旅程的騎乘

**戰** 車和紀律的養成以及自我控制有關，較偏向透過習慣學習而來的行為，或因為害怕懲罰及負面結果所得到的教訓。這裡所談的紀律，是像軍隊的訓練般由外在強加的，或者是透過修正自己的錯誤，獲得力量與自我約束力。你是駕馭戰車的人，決定它的方向與速度；注意前方的道路，別只顧盯著窗外的鄉村景色而迷路了。駕車的戰士是不分心的，朝著目標專注前進。

　　你的心靈之旅同樣也需要紀律。塔羅牌的解讀可以有很多層次的意義，並且同時為真。戰車提醒你在精神生活及物質生活上都應該持續專注，有些內在的真理唯有經過生活的淬煉才能學到，內在的自我控制也和外在的紀律一樣，必須透過經驗來學習。

### 逆位牌義

- 我的自我控制在這個場合下，並不適宜。
- 我失控了。我被環境牽著鼻子走，該是重掌主控權的時候了。
- 我模糊了焦點與方向，必須提醒自己，我最終的目標是什麼？

### 出現的意義

戰車可能警告你，對自己太過嚴格了；或者按字面比較刻板的意義，也代表在路上開車。這張牌常常在幾個狀況下出現，像是問卜者未來將會有比平常更長時間開車、分隔兩地的戀愛，或遠赴外地工作等。

### 用塔羅牌改變你的人生

當你要開始例行減重計畫、運動養生，或者累死人的按表操課之前，顯現戰車的能量可以增強你的自律性與自制力。驅逐戰車的能量，則幫助你改掉無意義、刻板、沒有助益的習性。每天早上，你很堅持要頂著完美的髮型出門上班，但是不這麼做真有那麼糟嗎？

## 練習

當事情的表面看起來沒有意義，或是沒有呈現完整的面目時，「釐清牌」可以幫助你看穿事情的表象，獲得另類啟示；用在這個兩張牌的練習裡，可以提供更多的訊息、揭露隱藏的意義。

先問自己一個問題，抽第一張牌作為回答；第二張牌就作為「釐清牌」。

**牌一**　我怎麼利用今天的時間最好？
**牌二**　為什麼？

### 解牌實例

**牌一　7 戰車** The Chariot
我將開車到市中心和朋友吃中飯，但記得要節制一點，還要開車回來工作。

**牌二　2 女祭司** The High Priestess
出現女祭司告訴我要向內看，超越理性與合理化的表象。看起來或許相當不合理，但真實的狀況是，我根本是想翹班去逛街！這張牌強調，我今天必須運用戰車的自制力。

# 8 正義 Justice
## 旅程中的責任

正義代表你必須為自己的決定與行動負起責任。首先明瞭兩個重點，你就能熟稔正義這張牌的牌義。第一，你必須為自己的行為負責；第二，事情怎麼來便怎麼去，如果你希望某件事情如你所願，你就必須採取相對的行動。祈求正義的人，不見得了解古代吠陀因果業力的法則——每一個行動都會產生相等且相對的反作用。想像一下，因為葷食，你也必須為吃下的動物而死。從某個角度來看，這是大自然自動完成的過程，但也是因果業力與真實的正義。

在社會中，正義也是最高的道德理想之一。正義驅使我們尋求所有公民利益的公平原則、補償受難者、懲罰作惡者並保護社會大眾免於他們的危害。不過，在俗世間執行正義的人，既不完美也會犯錯，有時候反而捨本逐末，使得不公不義的狀況更形惡化。她手中握著的寶劍代表世間的真理，「一面刀，雙面刃」，如何趨向完美的正義，才是理想的最高境界。

### 逆位牌義
- 我的行為很不負責任，忽略了行為會帶來的後果。
- 目前的狀況缺乏公平正義。
- 有違法的情事正在進行。
- 生命有時候的確是不公平的。

### 出現的意義
正義常常出現在與法律相關的事項上，代表著正面的指示，暗示順利的判決或是有利於合法一方的續審。這張牌也常點出因與果之間的關聯性。

### 用塔羅牌改變你的人生

下定決心，使用正義為自己的行為負起全責，並承擔所有的後果。破壞這張牌，可以幫助你免除或降低合法但不合理的決定所帶來的影響。

## 練習

以下的四張牌抽牌法，是讓你客觀瀏覽自己人際關係的絕佳方法。

牌一　我跟對方的關係目前狀況如何？
牌二　我的處境與立場如何？
牌三　對方的處境與立場如何？
牌四　我該如何繼續經營這段關係？

### 解牌實例

一年多前，有位朋友來找我，她正要開始一段新感情。這是她第一次認真以對，心中感覺很不確定。我用四張牌抽牌法為她釐清自己的感情，幫助她正面的看待眼前的情況，免除恐懼。

**牌一　0 愚人 The Fool**
這張牌抽到愚人一點都不意外。對我的朋友來說，這段關係是個全新的開始，有無盡的可能性和不確定的結局。她覺得自己像愚人一樣，正把腳踩向懸崖，隨時可能摔落地面。

**牌二　2 女祭司 The High Priestess**
這位朋友的處境由女祭司來代表，還是不令人意外，她是個充滿直覺的占卜師，也是活躍的異教徒。然而對方卻相反，對精神層面並不重視。

**牌三　4 皇帝 The Emperor**
我這位朋友發現一件很有意思的事情，這張代表對方處境的皇帝，恰好是她當年積極想要顯現在生命中的同一張牌。她對我說，對方非常能掌控自己的生活，對自己所做的決定與行為也很負責。他們之間的關係也似乎由對方主導。

**牌四　8 正義 Justice**
出現正義來解答最後一個問題，很明顯的透露，如果我這位朋友想在關係中發揮影響力，就必須採取某些行動。與其當被動的一方，我建議她必須為他們之間的關係主動負起一些責任。

# 9 隱士 The Hermit
## 旅途中的明燈

**到**此，愚人已經蛻變成一位智慧老人了，他隱居在高山之上。他經歷之前所有塔羅牌所象徵的階段，才到達現在令人尊崇的地位。在此之前，他放棄了帝國的統治權、超越了正義，也不再需要嚴格的自我控制。

登上高峰，尋找智慧與寧靜，從日常的活動與社交生活短暫的抽身，給自己時間去消化過去的經驗，讓智慧之光照亮你的心靈與頭腦，採取任何必要的行動來創造一個空間，好讓生命的目的獲得解答。有人生來就是內向的，這並沒有錯，也不需要矯正。試著去欣賞有如隱士般的內向的人，發掘他們的力量。花一些時間跟大自然相處，或找個荒涼僻靜的地方待著。傾聽寧靜，放慢腳步，觀察天地自然的循環，然後向內體驗自己身體與心理的自然循環。閉關修行，尋求內在的智慧；利用燭光或水晶，進行靜心練習，很快你將感受到助益。

## 逆位牌義
- 某人或某件事阻礙了我的閉關修行。
- 「智慧之光」可能燒痛了我，因為我明白了一些我並不想知道的事情。
- 我走錯了方向，或在錯誤的地方尋找我要的東西。
- 雖然退出某些事情的確是個好主意，但並不表示你得從每一件事抽身。

## 出現的意義
隱士的出現賦予你力量來照亮你的生命道路。你不需要旁人的幫助或指引，別人的經驗不屬於你，適合他人的不一定適合你。你必須發掘及探索自己通往智慧的道路。

**用塔羅牌改變你的人生**

顯現隱士的能量，容許自己從日常的活動抽身。掛掉電話，關上電腦，或採取任何可以給自己帶來自由空間的行動。別人或許不以為然，但隱士鼓勵你這麼做。驅逐隱士的能量，來結束一段長時間的自省或孤獨。

## 練習

「確認牌」在解牌時是很有用的工具。這個練習讓你在洗牌、抽牌前就先預測問題的可能答案，隨後抽出的牌就作為「確認牌」。

- 想一想你今天該做的事情，列出一張清單。例如該去運動了，或是有某些例行公事或是兼差工作、業餘的嗜好等待完成。
- 現在問塔羅牌：「我今天的重點應該放在那一項最好？」
- 洗牌，列表中有幾項事情就選出幾張牌。第一張牌如果和列表上的某一件事吻合，那就是「確認」它為今天的第一要項。依此類推，最後一張牌代表最不重要的。
- 如果你抽到的牌和列表上所有的項目都不吻合，那就試著想一些新點子。

---

### 解牌實例

以下有幾個例子，列出的活動都得到塔羅牌的「確認」。

**靜心　9 隱士 The Hermit**
還有什麼比隱士更能「確認」靜心活動的？隱士告訴我要將焦點朝內，尋找內在的智慧。

**體能運動　7 戰車 The Chariot**
戰車象徵透過實際的行動和自律來達成自我的掌控，自然也包括保養自己身體的概念，就像一頭訓練良好的戰馬或上油潤滑的戰車車輪。

**園藝工作　3 女皇 The Empress**
女皇代表豐富、充足，非常鼓勵我們從事接觸大自然的活動。

**業餘的嗜好　17 星星 The Star**
這張牌鼓勵我跟隨著自己的繆思，支持任何跟隨靈感的計畫。

# 10 命運之輪 The Wheel of Fortune
## 旅程中的好運

生命就像一個輪子，時而上時而下，一圈圈轉個不停。許多文化都出現轉動的輪形符號象徵。在許多寺廟裡，你常會看到古印度代表著因果業報輪迴的轉輪，象徵不斷循環的因與果、生與死以及輪迴轉世。脈輪也以有色的球形來代表，顯示身、心、靈無形的能量所在。輪子象徵永恆的循環，提醒我們生命是一股永續之流，從出生、成長到長成，然後衰老、死亡、轉世再生；從春天開始歷經一年的四季，從日出接下來一天中的時光。它也代表你一天的循環，從早晨起床、白天的活動到晚上休息；還有私人領域、專業領域與精神生活的循環課題。

在西方，我們被訓練成慣於直線思考，看到輪子就只會想像它在狹窄的路上前進或後退。在東方，一個人的生命之輪比較像是球形，在任何時間點往任何的方向轉動都是可能的。當下就有無窮的可能性，朝著你想要的方向，推動自己的生命之輪吧！

### 逆位牌義
• 我的好運受到阻礙，今天不是我的幸運日。
• 我已經在走下坡或是跌到了谷底，事情將會有個了結。
• 我必須做點準備，未雨綢繆。
• 我生命中某些部分該走出新的方向了。

### 出現的意義
如果你抽到命運之輪，就要特別留意「機會」，並從中獲益。這是一個小利益轉成大成就的訊息，任何事都可能發生。今天是你的幸運日，好好運用吧！

**用塔羅牌改變你的人生**

利用命運之輪為自己帶來相關知識，為計畫或想法準備最佳環境。驅逐它的能量，則能消除厄運或身體不健康的預兆。

## 練習

不管是在愛情中受苦、工作困難重重或甚至老是踢到腳趾頭，當你遭遇一連串的倒楣運，或事情總是不順心的時候，都可以試試以下的福咒練習：

• 請教塔羅牌今天可以做哪三件事來增加福氣呢？
• 洗牌然後選出三張，用來完成以下三個福咒：

**福咒一** 看看這三張牌，如果是正位，表示「該做」，如果是逆位，則表示「不要做」。

**福咒二** 端詳一下這三張牌的顏色和圖案，想想它們對你有什麼含意？有好幾張權杖花色的牌，意味著你要帶出自己的「魔杖」及行使自己的意志；如果大量出現某個特定的顏色，就可能是一種暗示，你可以點燃該種顏色的蠟燭，或是注意那個顏色對應的脈輪（見148-151頁）。

**福咒三** 用布或袋子把這三張牌包起來，隨身帶著，幫助你避開今日的倒楣運。還要不時的拿起來看看，以領會它們帶來的完整訊息。

---

**命運之輪與人際關係**

命運之輪時常在問卜者建立某一段新關係的初期、新的邂逅或是期待新的羅曼史時現身，這是因為在事情才要開始的時候，什麼事都可能發生！它不但暗示好運降臨，還提醒你仍然要靠自己的力量開創運勢，為實現夢想而努力。如果是在一段已經成熟或已建立的關係中出現命運之輪，就暗示著關係會有上下起伏，代表你必須承擔它令人不悅的一面，盡你的力量改變現況，使它再度回到美好的狀態；這是任何一段親密關係都會有的自然循環。

# 11 力量 Strength
## 旅程中的考驗

生命的困頓讓我們更加強壯。在部分塔羅牌裡，力量牌面畫的是人和獅子（或其他令人畏懼的猛獸）在搏鬥；有些則畫著溫柔引導獅子的女人。無論如何，為了最終能夠馴服獅子，都要付出相當的努力及展現極大的力量。這個原型正代表內在的力量與控制力。事實上，它也象徵以柔克剛，或運用微妙但強大的力量達成公平的妥協結果。

真正的力量出於個人的正直與榮譽感。不管你的外表如何柔弱，還是可以和牌面上的人物一樣，在生活中發揮個人特質中的力量，像是說服力、抗壓性或是不屈不撓的韌性與耐力。愛的力量足以排山倒海，學習呵護你所愛的人事物來鍛鍊這種力量。用正面的肯定維繫你的人際關係，像個馴獸師一樣，為落實自己擁護的價值觀而戰。

### 逆位牌義
- 我的內在力量與韌性，還沒有彰顯出來。
- 受到藐視或侮辱的人比什麼都可怕，有人就要有苦頭吃了。
- 力量用在錯誤的目的或不對的人身上。
- 一場折磨人的愛就要開始了。

### 出現的意義
力量提醒我們，不管多麼困難，都要堅持正面的道路。長遠來看，即使在過程中對方不領情，不斷的釋出愛與善意來對待孩子、弱者或動物，才能真正得到最好的結果。要抓到野貓，給魚吃總比給醋喝好吧。

**用塔羅牌改變你的人生**

運用力量這張牌的力量來增加自己身、心、靈各方面的
耐力。當你在身體或心理層面準備整軍作戰時，可以召
喚它的力量。驅逐力量的能量，來為你消除各種軟弱、
刻板的現象，不管是情感上的懦弱或只是肩頸僵硬。

# 練習

利用這個「影像化」的練習來提高這張牌的能量。找一個
不受打擾的安靜之地，把力量牌放在面前。舒服的坐下
來，深呼吸，直到回歸自我中心與存在當下的感受出現。

- 閉上眼睛，想像你最喜愛的那座山。想想山上的自然景
  象、山的壯闊與力量，還有它所承載的樹木、動物，甚
  至矗立山上的房舍。
- 讓自己彷彿和這座山連結起來，感覺山的力量和能量流
  向你，讓自己充滿山的力量、自信與無比的堅韌。
- 當你覺得力量已經滿溢，對山表示感謝，並切斷連結。
- 把意識帶回你所處的環境裡，讓過多的能量從你的座下
  流向大地。
- 張開眼睛，從現在起，把力量這張牌當做一個視覺上的
  鑰匙，每看到這張牌，就彷彿在心中開啓山的那股源源
  不絕的力量。
- 需要時，可以拿出這張牌來加強心中充滿力量的感覺。

---

**產生鍵結**

當你利用一張牌、一塊水晶或其他任選的物品來進行以
上的影像化練習，就會在它與某個思想之間搭起一個很
強的鍵結。一旦鍵結成功，每當你看到、摸到或聽到這
個物品，心思就會自動的「轉台」到它所鍵結的想法。
你該怎麼做，要看什麼對你最有效。有些人發現大聲
唱誦的效果很好，例如進行以上的力量練習時，重
複五次：「每當我見到這張牌，就能變得如山一般強
壯；我要堅持我的信念，我會持續不懈。」或者是：
「這個影像帶我回到我的山峰；這個影像帶我回到寧
靜；這個影像帶我回到我的核心。」

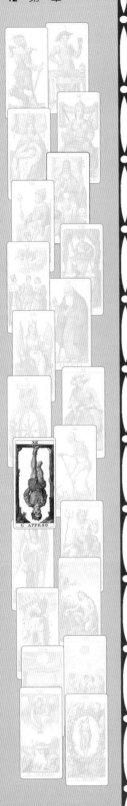

# 12 吊人 The Hanged Man
## 旅程中的犧牲

吊人不是像吊死那樣勒緊脖子，而是綁住一隻腳倒吊起來。雖然不舒服，但沒有實際上的危險。在塔羅牌的世界裡，這代表犧牲，可能是利他的行為，也可能是為了將來的利益。這就像人類為了潛入海中尋找珍珠，必須先暫時憋住呼吸一樣。你或許覺得頭昏腦脹、綁手綁腳、違背自己的自然意願，但這種狀態卻可能對別人或自己的未來有所幫助。

吊人象徵觀念上激烈的改變，橫在眼前的大山突然縮水成一個地鼠挖出來的小土堆，寶貴的目標似乎變得一蹴可幾。將阻礙視為挑戰，讓付出時遭遇到的困難來修養你的個人特質。吊人要我們把眼光放寬放長，超越正面與負面、對與錯以及你我的爭執。請記住，沒有期待與不求回報才是真正的犧牲奉獻。

### 逆位牌義

- 我或多或少有所保留。
- 我不該過於付出，因為沒有足夠的立場。
- 我不該拖延某件早就想做或遲早該做的事情。
- 把受苦與犧牲混淆了。

### 出現的意義

吊人的出現顯示某些犧牲是必要的，可能是時間、精力、金錢或是其他值錢的東西，即使無法保證有令人滿意的結果，還是得忍痛割愛。

### 用塔羅牌改變你的人生

釋放吊人的能量，來徹底釐清到底要犧牲什麼才能改善
目前的處境，或是避免沒有必要或矯揉造作的犧牲。就
是有人喜歡擺出一副受難者的姿態，卻在暗地裡享受讓
別人產生罪惡感的樂趣。

## 練習

要找出讓自己願意犧牲的理由，常常得先退一步，轉換一
個角度看事情。這個簡單的練習會爲你開啓不同的視野。
手邊先準備好紙筆。

• 讓自己倒立，或彎下腰來顛倒看世界，需要的話可以墊
  個坐墊。

• 除非不舒服，保持這個姿勢。讓你的想法天馬行空，以
  全新觀點來看事情。

• 恢復正常姿勢時，把心得和感覺記錄下來。

---

### 解牌實例

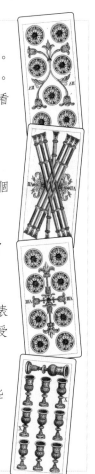

在這個例子裡，吊人被擺在桌子的正中央，兩邊各放兩張牌。這四張牌各有兩輪解釋。
在第一輪解釋中，牌一、牌二代表我對這段關係的感受，牌三、牌四則是對方的感覺。
接著，透過控制吊人的能量，把切入的角度整個顛倒過來，牌一、牌二代表對方的看
法，牌三、牌四才是我的感受。第一輪解釋後稍待片刻，再開始第二輪。

**第一輪解釋**

**牌一　錢幣七（逆位）**
這張牌暗示有什麼讓我失去耐心。或許對
方感到不耐煩，但又不能表現出來。為
什麼我會有這樣的感覺呢？

**牌二　權杖七（逆位）**
這代表我對這段關係的另一個感覺：意見
的表達受到阻礙。我得找個心平氣和的機
會，和對方好好坐下來溝通彼此的歧見。

**牌三　錢幣八（逆位）**
這張牌象徵無法掌控，代表對方在關係中
有失控的感受。

**牌四　聖杯十**
這是張代表勝利成功的好牌，讓我放下心
來，他跟我相處仍感到愉快，也認為這是
一段成功的關係。

**第二輪解釋**

**牌一　錢幣七（逆位）**
對方也覺得沒耐性了，我該怎麼緩和這個
狀況呢？

**牌二　權杖七（逆位）**
該誠實的捫心自問，我是否說了或做了
什麼讓對方感到不舒服？

**牌三　錢幣八（逆位）**
我必須仔細思量，掌控一段關係對我代表
什麼意義？為什麼在這方面我感到如此受
挫與軟弱？

**牌四　聖杯十**
基本上，我和他的相處還算愉快。那些
偶爾的不愉快有這麼值得擔心嗎？

# 13 死神 Death
## 旅程的終點？

在物質世界裡，所有一切都是短暫無常的，也終會走到盡頭。為何這會如此令人恐懼？如果你能了解精神不朽的本質，所有的疑慮就會消失殆盡。在現代文化中，我們習慣直線式的思考模式，因此會以為死神便代表一切的絕對終點。你或許以為死神會是最後一張大阿爾克納，但事實並非如此，死亡不過是生命之輪上的其中一根輪輻而已，是通往來世的門戶，它只是過程中的一小步、進化的一個階段。肉身雖然死亡，但靈魂永生。

占卜時，死神暗示我們，該是讓事情結束的時機了，或許是停掉一個生意或計畫、結束一段感情或割捨一些舊而無用的東西，好把空間空出來以容納新事物。死神出現代表先前播下的種子，到了收割的季節了。掃除無用的廢物，為生命的章節畫下句點。

死神也提醒我們已逝去的先人，許多文化在一年中都有追思祖先或紀念先人的特殊節日。

### 逆位牌義
- 終點已近了，但現在還不是時候。
- 我還沒有準備好說再見，也許是工作、房子、感情、計畫或其他與我有關的事物。為什麼會這樣？
- 我正在結束一件還不該結束的事情。
- 當我該把凌亂的雜物清理掉的時候，卻讓它越積越多。

### 出現的意義
死神告訴你要面對現實，事情的現況就像肉身會逐漸腐爛消失，但骨架會留下，以後還有可能重新建立起來。

### 用塔羅牌改變你的人生

關於結束，死神這張牌是極為有用的工具。顯現它的力量，可以幫助你結束一個對你已經無益的狀態。如果眼前的情況事實上還需要你關注，驅逐死神的能量可以避免你以為事情已經結束，而提早鬆懈。

## 練習

我稱這個練習為「幸運十三」，你可以用它來面對結束所帶來的痛苦。備妥紙筆，尋找一個寧靜、安全又私密的場所，點上粉紅色、綠色或白色的薰香蠟燭，可以幫助你在正面的見解中，找出一些負面的東西。

- 給自己充裕的時間，找出這個痛苦體驗帶給你的十三個教訓；仔細思量你悟到什麼深刻的道理？由這個經驗，你有沒有修得什麼寶貴的內涵？
- 把這十三個深刻的體悟寫下來，好讓你在下次痛苦回憶再度襲來時，能夠回頭複習。
- 把這張表當成闖蕩未來的護身盔甲，提醒著自己不要重蹈覆轍。時時記取這十三個教訓，向自己與天下保證，你已經學會且不再犯同樣的錯誤。

### 關係的終點

當問卜者提出與人際關係相關的問題時，死神的出現往往會造成恐慌，以為對方可能會有意外降臨。事實上，這張牌沒有這麼神奇。試想，問卜者為什麼會尋求一個陌生的第三者——塔羅牌占卜師，來為他自己的人際關係解惑呢？是不是他們其實已經意識到關係可能即將結束？塔羅牌只能發掘出你內心深處早已存在的答案，而死神就代表關係的解散。這不代表問卜者完全無法挽回，而是承認危機反而可能帶來轉機。或許，努力面對之後，雙方顯然都沒有得到想要的東西，決定要一切重新開始或繼續在一起也說不定。

# 14 節制 Temperance
## 旅程中的平衡

**到** 此，愚人的肉身雖死，但旅程繼續。他或許以節制牌圖上的天使形象現身，或淪爲下一張大阿爾克納惡魔，也可能兩者兼而有之。在絕大部分的塔羅牌裡，節制的牌圖都畫著一位聖潔的人將神聖的甘露或生命之水（視占卜者的概念而異），由一個水瓶倒進另一個瓶子裡，象徵著靈魂透過輪迴轉世，由一個肉身換進另一個身體。生命循環不已，但能量永恆存在並保持平衡。

落實在現實的日常生活中，節制則是適度的意思，也可以解釋爲平靜與公正。三思而後行，隨時保持平心靜氣，就能讓生活達到平衡。在一切平靜無波的時候，這聽來似乎簡單不過，但我們都知道，當戰國時代來臨時，能否保持平衡就是個莫大的挑戰了。

節制也帶有鍛鍊心性的含意，唯有不斷以烈火鍛燒、在鐵鉆上捶打，才能成就堅實而柔韌的刀劍。當你覺得自己彷彿浴火般的痛苦，只能變成不像樣的煎鍋時，請牢記節制的精義，這是讓你鍛鐵成鋼的機會！

### 逆位牌義
- 我嚴重失衡，必須重新平衡一下。
- 眼前似乎不宜再一味的往前走，或者應該回頭尋找其他出路。
- 我似乎沉不住氣，有失客觀。
- 我要緩和一下自己的行爲，不要過頭了。

### 出現的意義
節制提醒你採取平衡觀點的重要性。生活的各個層面都該保持均衡，過猶不及的狀態都應及時修正，把現況拉回平衡的狀態。比方說，多花一點或少花一點時間陪陪另一半、例行靜坐的練習或減少待在辦公室的時間等。

### 用塔羅牌改變你的人生

顯現節制這張牌，幫助你的身體充滿活力，平衡而溫和的生活方式會帶給你能量；相反的，凡事過度就會引起損耗。驅逐節制以便逆轉時間之流（請見個案解析）。

## 練習

這個練習讓你重新分析生活中某些難以正常運作的領域，並擬定新的作戰計畫。

- 選出你生活中一個失去平衡的事項，然後把牌攤開來，挑出一張最能描述這個事項的牌。
- 冥想著這張牌，以及你所感覺到的失衡。
- 想想如何平衡眼前的失衡問題，然後把牌攤開，再挑一張最符合的牌。
- 讓這兩張牌背靠背「站」在桌面上，平衡好後放手。桌子必須有點摩擦力，可以鋪上桌巾，以免太滑。
- 牌可能不久就會倒下來，每次你重新把它們架起來的時候，心裡要重複以上的冥想。當你架牌的技術越來越好，平衡自身處境的能力就會越加改善。
- 你可以再想想生活中還有哪方面需要平衡，找出對應的牌，一張張平衡的架上去，甚至蓋個牌屋！

### 個案解析

我用過去／現在／未來牌陣法為蘇菲占卜，結果顯示她幼時曾經是個受虐兒。她滿臉淚水的希望能夠回到從前，讓這些深深傷害她的事情通通消失不見。為了讓她平靜下來，我請她用節制這張牌來靜心冥想。一開始，先請她握住這張牌，然後把它翻過來。在我的引導下，她看到有一個不朽的形體帶著她回到過去，她看到生命之流往上流，然後往下流，她明白這道流是無意義的，因為她可以隨意進入任何時間點。接下來，我引導她回到可怕的回憶還沒有發生之前，她感到當下的那一天很快樂，我問她如果受虐的事情沒有發生過，她會怎麼做？會到哪裡去？會和誰在一起？當她腦海裡出現了確定的影像，我要她去擁抱這個「重新訂做」的畫面。我恭喜她為自己創造了新的過去，或許可以讓她懷抱這快樂的一天，展望快樂的未來。

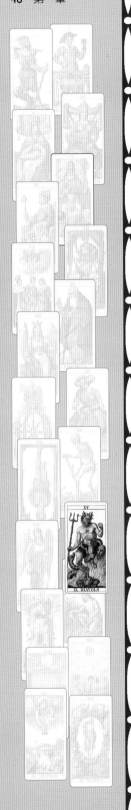

# 15 惡魔 The Devil
## 旅程中的誘惑

許多人相信惡魔眞的存在,並與上帝的良善對抗。有些人則比較象徵式的使用這個名詞,把世上的罪惡描述成「惡魔的行徑」。不管它是生命中的復仇者,還是只是嚇唬小孩的鬼怪,惡魔都提出值得小心的警訊,不管是身體、心理或靈魂,都要愼加注意。

人會基於難以理解的理由做出自毀的行爲,或許你看過朋友一再的自我傷害,你覺得事情沒那麼嚴重,他卻理不出一點頭緒。或者有人爲了逃避現實,沉迷於酒精或藥物,到頭來事情還是每況愈下。這就是惡魔最爲人知的能量,讓你逆向而行,與眞正的目的地漸行漸遠。

惡魔讓你忽略自己的眞實樣貌,你會以爲自己有無數的需求、占有欲並汲汲營營身分地位,但事實上,你可以只是一個完全沒有需求、欲望或占有欲的純潔靈魂。你的自然本我是快樂而充滿智慧的,不該愁雲慘霧或被世俗的瑣事和擔憂緊緊掐住。

### 逆位牌義
- 當前的狀況沒有什麼罪惡,即使它看來不是這樣。
- 如果我現在立刻行動,就能避開危險。
- 我有避免自我毀滅的能力和意願,沒有必要繼續這樣下去。
- 我並沒有很強烈的動機,所以沒有實際的危險。

### 出現的意義
惡魔現身就是要警告你,誘惑即將降臨。你現在的方向、考慮採取的行動,都極有可能導向自我毀滅的後果。爲了避免危險,要重新考慮你的計畫。

### 用塔羅牌改變你的人生

我們每一個人的心裡都存有惡魔。顯現這張牌來挑戰自我邪惡的本性與潛力，促進更深刻的自我了解。驅逐惡魔的能量，可幫助你戰勝自己的邪惡本質。

## 練習

這個五張牌惡魔占卜法幫助你了解自己的黑暗面，那個在天使的良心邊緣不經意露臉的小惡魔。你也可以為身、心、靈各抽五張牌，擴充成十五張牌的牌陣。

牌一　我是誰？

牌二　在我內心有什麼樣的惡魔？

牌三　有哪個人或哪件事讓我困擾？

牌四　原因是什麼？

牌五　怎麼解決？

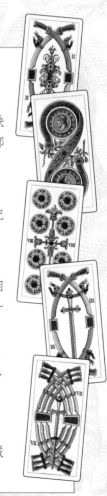

### 解牌實例

#### 牌一　寶劍二

這張牌顯示事情陷入僵局。眼前我感到無從下決定，雖然面臨抉擇，但沒有一個選項是我願意接受的。不過，或許任何一個決定都比不決定好，雖然不做決定也是選項之一。

#### 牌二　錢幣二

愛耍花招是我內在的惡魔，這張牌顯示我喜歡在一開始的時候，把未定的事情搬來弄去，這讓我感到有點興奮。

#### 牌三　錢幣八

這張牌象徵支配性，我被自己處處想要掌控生活細節的執著所困擾，有時候，即使一切都在掌控中，還是會覺得沮喪。因為如此一來，生活就沒有花樣，也沒有樂趣了。

#### 牌四　寶劍三

這兒出現令人心痛甚至心碎的象徵，過往的一段痛苦關係還未了結，必須先處理好，我的人生才能繼續向前走。

#### 牌五　寶劍七

抽到這張牌作為解決之道，顯示我在某方面自己騙自己。我必須嚴格的看待眼前的自己和處境，該是開始真實面對自我的時候了。

# 16 高塔 The Tower
## 旅程的破壞

電光一閃，擊中了愚人。或許他在這種天氣裡，沒有注意警告標誌，站在開闊的戶外地區。高塔被摧毀，磚瓦如雨般垮落。在死神離去之後，推翻一切的時刻來臨。摧毀你的自我形象，以及別人對你的期待，然後重新整頓，尋找全新的自己與方向，重整旗鼓帶著新希望向前邁進。不然就會像陷入泥沙中，由不得己的越陷越深，心中自忖我在哪裡？為什麼我會在這裡？

你是否曾經很想把什麼破壞掉，然後一切重新來過？高塔就是允許你這麼做。就像掃過一場莫名其妙的暴風雨，慘不忍睹，任何東西都被破壞殆盡。你可能失業、失戀或心裡極不平靜，陷入沒有絲毫力氣力挽狂瀾的困局，但歷經高塔的毀滅之後，你可能發現自己已經進入以前想都不敢想的新局面。

### 逆位牌義

- 我必須面對的轉變遲遲未至，但肯定是早晚的事。
- 現在不是挑起劇烈變化的時候。
- 我陷入一個刻板模式，負面的情況總是一再出現。
- 我應該要多注意自己的精神生活。

### 出現的意義

高塔的美妙之處，在於它強大的破壞威力摧毀掉舊有刻板的思維模式和行事風格，讓你自由的追求自己的夢想、實現願望。它的出現鼓勵你大幅度的改變生活方式，向前展望新的可能性，勇於築夢。

### 用塔羅牌改變你的人生

這是一張具有重大轉機的牌。召喚高塔的威力來促成正面的重大轉變。如果有些改變太過劇烈，你還沒有做好迎向它的心理準備，就可以驅逐高塔的能量來迴避或加以緩和。

## 練習

當你很難從一個複雜、大型的牌陣得到簡明的結論，或同一個問題重複占卜數次之後，可以用這個練習來釐清。當你想要釐清一件事，但總是很難抓到要領的時候，就可以選用這個占卜法。如果你還沒有進行任何占卜，但無論如何想使用這個占卜法，那就從一疊牌最上面開始抽，一張張搭起來，直到高塔垮下來。

- 用之前占卜的牌來搭一座牌塔，桌面要平坦但不要太光滑，這樣搭牌時才好平衡。
- 在搭牌塔的過程，對於改變要保持開放的態度。祈求世界向你顯現你該欣然做出什麼樣的改變？
- 當牌塔終於垮下來的時候，特別觀察壓在最上面的或飛得最遠的那張牌。
- 這張牌就象徵著你必須做出的改變，相信你自己的直覺，用這張牌來冥想，接納出現的任何念頭。
- 再搭一次牌塔，看看結果是否會一樣。

### 個案解析

占卜時，我常常用我的公寓被小偷撬開侵入的故事，來解釋高塔這張牌。有一天晚上，我出外旅行數天後回到家，赫然發現兩個窗戶被敲破、前門門戶洞開，家裡徹底被洗劫一番。我受到很大的驚嚇，但鄰居什麼也沒做、也沒有報警。後來很快的，我找到一個舒適的新住處，住起來遠比原先的房子更愉快。現在回頭來看，似乎我早就該搬家了，但如果不是「高塔」被摧毀了，我現在可能還擠在那個小小的公寓裡。

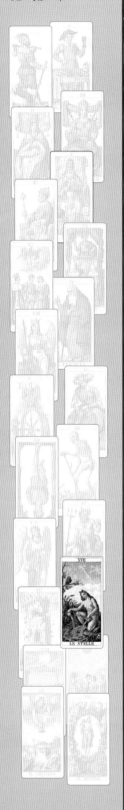

# 17 星星 The Star
## 旅程中的靈感

許多的塔羅牌，都以裸女來呈現星星這張牌，它象徵心靈、無意識、靈魂等所有神祕、無形但真實的能量。她手中的水壺流出的水代表著生命與健康的潮水，以及各種波動與改變；停棲在她背後樹上的貓頭鷹，則可解釋為時時在旁提醒我們、關愛幫助我們的人。在天上逕自散發光芒的星辰，則代表著無垠的宇宙與神聖的理想性。整體而言，這些象徵會以各種不同的形式傳遞出它們的訊息，像是創造性的繆思或宗教經驗。

星星這張牌鼓勵人類傾聽內在的靈感，你便是神，一切具足得以滿足渴望。勇敢去做，一刻都不要遲疑！不過，這張牌還提出警告：謹慎考慮你把精力和時間投注在什麼地方；把水倒進水裡能有什麼作用？如果你把同樣的水灌溉在泥土上，或許就能創造一座結實纍纍的果園。

### 逆位牌義
- 我沒有傾聽我內在神性的聲音。
- 靈感被扼殺或阻礙了，我的創造性能量沒有表現的機會。
- 我目前的狀況，會有一段時間必須從事不花腦力的勞力工作，靈感在這個時候不管用。
- 我從自己的繆思汲取工作或創作的靈感，卻一無回饋。祈禱、靜心、讚美、感恩與欣賞都能滋養繆思。我必須賞識並感激這些超乎我之上的靈感。

### 出現的意義
星星提醒我們肉體乃是精神的化身，就像完成一件藝術作品般的活出你的人生。我們該明瞭讓自己生活在藝術之美中是多麼的重要，試著與他人分享因美感帶來愉悅的這份禮物。

### 用塔羅牌改變你的人生

顯現星星牌的能量來召喚你的繆思，驅逐它則能去除明星光環所帶來的麻煩。因為永遠遵循你的繆思帶來的靈感引導、永遠保持熱情、永遠真實面對自己，也有可能會讓人精疲力盡。

## 練習

當你想與內在的繆思或女神建立新的或更深一層的連結，試試以下的練習。找出紙筆備用。

- 找出星星牌，放在占卜空間的中間。
- 決定好你想用你的星星牌處理多少個重點，五和八都是不錯的數目。決定數目之後洗牌，抽出這個數目的塔羅牌圍繞在星星牌四周。
- 凝視眼前的牌陣，讓眼中的影像漸漸模糊、注意力脫離焦點。
- 要傾聽並接受你內在的聲音，那是你內在的星星、你的繆思。
- 重新聚焦在牌陣上，特別注意牌陣的模式，以及是否有同樣顏色、形狀或象徵符號。留意牌與牌之間的關係，有沒有為你帶來靈感的連續數字？有沒有像是能量的上下起伏或流動，貫穿整個牌陣？
- 寫下你的想法，這就是星星今天想要對你說的事。

### 星星的特質

在我的占卜經驗中，星星最常出現的時機，是在問卜者詢問下一步該怎麼走，或是對感興趣的事物該如何進行的時候。有時候，來者正準備為自己的嗜好花一筆錢，或者是為自己的藝術創作砸下大錢。以下這個例子，問卜者熱切的渴望正熊熊燃燒，但卻同時自我懷疑而躊躇不定。

　　一如以往，塔羅牌只是點出問卜者內心早已明白的道理，出現星星這張牌，強調問卜者應該要傾聽內在的神性，接納上天賦予的靈感。至於我的工作只是向問卜者保證，他具足一切，可以跨開大步向前走，拋開疑慮，勇敢的追求夢想。

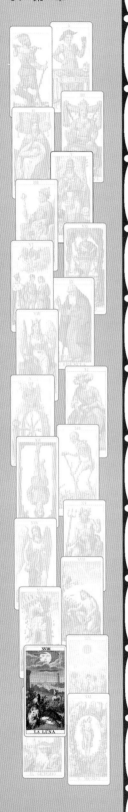

# 18 月亮 The Moon
## 旅程中的幻象

一輪明月照亮夜空，投下朦朧的月影。有時真讓人分不清，窗外所見的黑影是正要光顧的小偷，還是微風中搖曳的樹影？月亮有難以言喻的力量，月球引力造成海洋的潮汐現象，也同樣拉引著我們體內的水分。它引出我們心中的灰色地帶，每個人心中都有被隱藏或壓抑的邪惡陰暗面。

即使如此，它們仍舊是你個性的一部分。你可以用月亮這張牌為工具，試著接納甚至擁抱它們，別為自己的陰暗面感到丟臉，因為它們也有許多用處。例如，當你樂觀開朗的性格面無法勝任手邊的工作時，它便接手；當沒有人願意伸出援手時，它會保護你；它總是承擔最困難的工作。

另外，月亮也可解釋成正面、光明的象徵，試著配合月相的盈虧來調整你工作或假日的節奏，而不是依日光的消長。盡可能把晴朗寧靜的夜晚、一個人平靜散步的時光和月亮連結在一起。

## 逆位牌義
- 我理不出頭緒，生活遠比它的表象還要複雜。
- 我在浪費時間，好像在跟影子打架。
- 關於我的規畫，現在的時機不好。此時的月相不對。
- 我厭惡自己陰暗的一面，必須想辦法克服。

## 出現的意義
月亮提醒你留心在陰暗處蠢蠢欲動的東西。事情總是和表象不一樣，你可能以為自己已經掌握某個人或某件事的一切，但事實不然，所有的知識都不完整，因此具有不確定性。

**用塔羅牌改變你的人生**

顯現月亮的能量，和自己的陰暗面攜手合作（參見下文「你的陰暗面」）。或者，驅逐月亮的能量來幫助自己擺脫沒有益處的幻象。

## 練習

以下的五張牌月相占卜法，不只提出四個全新的觀點來審視你的問題，也會讓你越來越意識到這位天空芳鄰的陰晴圓缺。

• 挑出一張能夠描述你想問的問題或事項的牌，放在桌子的正中間。

• 另選四張牌，圍繞在它的四周（如圖所示）。然後逐張解釋它們的含意。

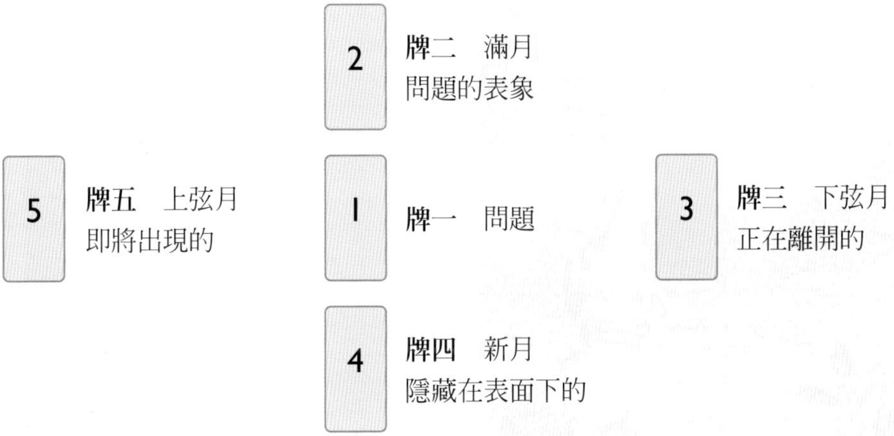

|  |  | **2**　**牌二　滿月**<br>問題的表象 |  |  |
|---|---|---|---|---|
| **5**　**牌五　上弦月**<br>即將出現的 | **I**　**牌一　問題** |  | **3**　**牌三　下弦月**<br>正在離開的 |  |
|  |  | **4**　**牌四　新月**<br>隱藏在表面下的 |  |  |

---

**你的陰暗面**

面對自己的陰暗面，就像接納自己原來還有一個邪惡的孿生兄弟，老是在你的耳邊小聲的說些可怕的事情。它威力強大，但卻不受歡迎。任何形而上或精神領域的追求都以光明、行善為第一宗旨，不過，你的追求一旦開始，反而會慢慢懂得欣賞這種「雙重性格」的自然韻律，明白接納罪惡的必要性，或至少能夠理解它們。熊熊大火是森林自然的生命循環，死亡是生命不可或缺的一部分，冬天與夏天也相伴相生。月亮牌要我們了解並感恩自己冷酷的另一面，它經常在快要到冬至的時候出現在占卜中，這時夜晚變短，天氣也越來越冷，是一整年中沮喪與自我懷疑最容易悄悄逼進的季節。

# 19 太陽 The Sun
## 旅程中的光明

在日光中，陰影的輪廓顯得十分清晰，因此極容易分辨對錯。太陽暴露一切，逼你誠實的面對自己真正的思想與行為，在它的光明之中，你的一切都無所遁形。天真無邪的孩子一點都不需要害怕暴露，相反的，帶著罪惡感的人在陽光下才會感到畏縮、刺眼、不敢正視。

在人類發明電力把夜空照耀得如同白晝之前，社會與文化的節奏都是跟隨太陽的升落，一天的起始與結束都受到它的支配。日升代表工作與活動，日光滋養花朵與作物，帶動氣流運動而形成風，帶來新鮮的空氣；它讓肌膚舒暢，帶給肌肉溫暖。每一天，太陽都帶來再一次的機會與重新開始的新希望——今天事情或許會做得更好。日正當中時活動力強，胃口也好，今日事得以今日畢。日落時分，一切節奏緩慢下來，為當日畫下句點，準備歡迎夜晚來臨。今夜你可以放輕鬆，因為事情做得很令人滿意。

### 逆位牌義

- 有人故意澆我冷水。
- 我沒有希望的那麼無憂無慮，看似和諧之處似乎有點雜音。
- 我對自己要求太過嚴格，已經瀕臨爆炸邊緣了，必須想個辦法冷卻一下。
- 我的某些處境一點都不安全也不滋養。

### 出現的意義

這張牌的出現告訴你要用孩子般簡單、不帶成見的觀點來看待自己的處境。回憶一下，你的童年是多麼的神奇，每天都充滿新的生活經驗，每一個當下都顯得如此珍貴。用這種陽光般熱情的世界觀，為自己帶來新的人生態度。

### 用塔羅牌改變你的人生

利用太陽的光明能量，讓你的見解變清明，培養清晰的洞察力。驅逐太陽的能量則幫助你揮走痛苦不堪的幻想，減緩埋藏在回憶中的痛楚。

## 練習

利用以下的四張牌陽光占卜法來了解別人眼中的你是什麼樣子，或者與某個特定人士或環境之間的關聯。

• 洗牌，然後抽出四張牌，排列如下圖。

**4**　牌四　太陽風
你對別人比較隱約的影響

**3**　牌三　日冕
你對別人直接的影響

**2**　牌二　光線
別人對你的認知

**1**　牌一　太陽
你在別人面前擺出的模樣

---

### 解牌實例

**牌一　權杖二**

這張牌象徵管轄權。我喜歡自己在別人眼裡，是個擁有並控制許多東西，或是掌管許多計畫與手下的人。我很有效率，也能自給自足，我的情緒穩定，也很認真負責。這就是我希望全世界都認識的我。

**牌三　錢幣五（逆位）**

這張牌代表我協助他人把逆境視為挑戰，認知到酸檸檬也能榨出好玩的檸檬汁來。我將危機化為轉機，也鼓勵別人和我一樣這麼做。

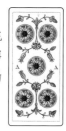

**牌二　聖杯國王**

我的第二張牌代表成熟的情感。旁人認為我是個平穩、冷靜、不慍不火的人，生性忠厚、待人親和，而且誠實的表現自我。大家跟我在一起很安心，因為沒有隱瞞或別有用心。

**牌四　力量（逆位）**

最後一張牌指出，我對別人有一種微妙的影響力，是一種「強硬的愛」（弱的控制）。我會出於母性的實際，直截了當的強迫別人達到較高的行為標準。

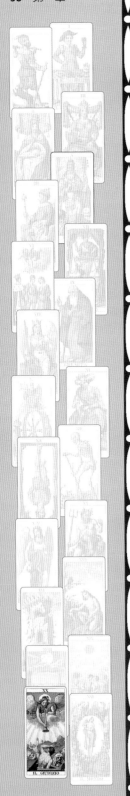

# 20 審判 Judgement
## 旅程中的體悟

在古印度的吠陀傳統裡，生命結束時會有兩種存有靈體來幫助人死後的靈魂，一種是Vishnudutas（毘濕奴神的侍神），另一種則是Yamadutas（陰曹鬼卒）。他們的任務是護送亡魂進入存在的下一個階段。在基督教義中，天使長吹奏號角召喚靈魂從墳墓中復活。這兩個例子，都象徵覺醒然後提升生命的目的。看看你漫長的一生，審查你所做過的事、你的成就，以及未完成的任務，然後再度復活，重新創造自我。

執行審判代表具有判斷和明智抉擇的能力，在理想境界中，人類做出選擇並運用判斷能力來達成更崇高的目的，而最崇高的目的或許就是幫助別人、對他人慈悲。德蕾莎修女曾說：「假如你忙著評斷別人，就沒有時間去愛他們。」她的一生便是最佳的範例。審判牌就是關於如何體認你的更高目的和力量，時時將它牢記在心，而且真正落實到生活中。我們無論對自己或對他人都應該慈悲以待。

### 逆位牌義
• 我與自己更高力量之間的溝通管道，不知為何遇到阻礙了。
• 我因分心而不知不覺偏離了通往我人生真正目標的道路。
• 在這個場合下，表現慈悲是不恰當的。
• 難道我忽略了內在更高的召喚，告訴我還有更重要的事要做嗎？

### 出現的意義
審判牌的出現提醒我們要留意內在更高力量的召喚，讓我們或多或少以某種形式來評斷身邊的人或環境。記得要心存包容，因為別人也可能用同樣的標準在檢視我們。

### 用塔羅牌改變你的人生

召喚審判的能量，來發現內在心靈的呼喚。驅逐它的能量，則能幫助你擺脫老舊的生活模式以及沒有效率的做事方法。

## 練習

你可能爲很久以前曾經犯下的罪行，繼續不斷的審判自己，一不小心，自我責難就變成了根深柢固的習慣。利用七張牌審判占卜法來停止這樣的惡性循環；一旦你學會對自己寬容，就越能對他人慈悲。隨機抽取這七張牌。

牌一　我爲什麼這麼嚴厲的審判自己？

牌二　到底是誰在我腦子裡發出這些責備的聲音？

牌三　還有其他什麼自責的聲音？

牌四　事情的眞相究竟如何？

牌五　爲何我值得被寬容？

牌六　我如何結束這個遲滯不前的循環？

牌七　我該如何脫離眼前的情況，向前邁進？

---

### 個案解析

有一次，我為一個退伍的士兵占卜，他正為創傷後症候群和高血壓所苦。我們用的塔羅牌，牌面上有個赤裸、喜悦的女人從冒著烈火的大鍋裡復活，背後還畫著一隻重生的鳳凰。這個客人掙扎著慢慢體會到，塔羅牌在告訴他必須從舊有生命的灰燼中重生，尋找更快樂的現實生活，注意聆聽內在更高力量的召喚。他承認自己幾乎已經完全放棄了靈性的修行，當下決定要重新開始。很奇怪的是，我發現他的生日牌也是審判。生日牌是用出生的日期來計算，可以算出個人生命最主要的課題或目標，你會發現它在你生命中會不斷重複出現。生日牌的算法就是把出生年月日的數字一個個加起來，例如，他的生日是1963年1月19日，則是6＋3＋1＋1＋9＝20（審判）。如果你的總和超過22（愚人算是22），那就把總和數字再相加一次，最後得數會變小，例如：33變小為6（3＋3）。

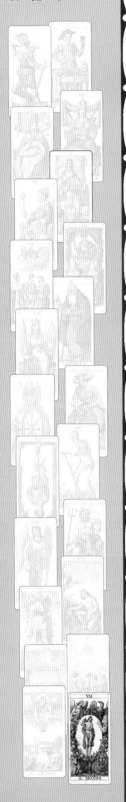

# 21 世界 The World
## 旅程的圓滿

終於，愚人已經走到旅程的最後一站，對於生命課題學有所成。他顯得完整、天人合一，每件事都很圓滿，看待事情的觀點也正面許多。吸收消化了所有大阿爾克納的眞理與經驗之後，世界呈現完整、圓滿的景象。你的生命穩定、平衡而且完整。恭喜，你已經通過試煉，擁有一切了。記錄你的旅程點滴，與走在同一條道路上的人分享。挪出一點時間感謝自己的成果，犒賞自己一下，仔細思量如何把辛苦修得的智慧傳遞下去。

塔羅牌裡的世界、太陽、月亮和星星是天文學與占星學的結合，也代表宇宙的自然節奏。無疑的，太陽、月亮會影響人的情緒與能量，許多人很熟悉水星逆行（水星似乎在黃道上倒退行進的視覺效果）對溝通、機械設備的影響，而世界牌則把我們和太陽系裡所有的天體都連結起來，鼓勵我們發掘它們對個人和世界的影響。

### 逆位牌義

- 我仍在尋找人生的圓滿與完整。
- 我還沒有到達這個循環的終點，連終點線都還沒看到。
- 雖然我覺得自己頗有智慧，但僅是理論派，還沒有辦法應用在日常生活中。
- 用星象學來看，現在正是我處境困頓的時候。

### 出現的意義

世界代表著環境或個人的完整性與穩定感。你已經到達旅程的最後階段了，該試著把理論知識運用到實際的人生中，發揚你的善知識，或者休息一下好好的享受這種感覺。

**用塔羅牌改變你的人生**

世界牌可以幫助你把生活的各個片面整合在一起。統整你的生活經驗與智慧，開始身體力行。當事情似乎發展得太快，你的體悟太多太沉重時，可以驅逐世界牌的能量，對於擺脫長時間建立的束縛也有幫助。

## 練習

這個練習揭示你要臻於圓滿的四個首要工作。洗牌、切牌，然後發四張牌，代表你想達成世界境界所需要的四件事情。

**牌一**　去找出這件你必要的東西，可能是前往某個陌生的地方、做些從沒做過的事情，或者認識新的朋友等。

**牌二**　接受這個天賜的禮物，這是長遠以來一直被你否定的事情。好好享受它

**牌三**　分享這個禮物，唯有付出時，我們才有收穫。有好多東西是你付出，但卻不會真的失去，像是愛、玩笑、慈悲、善意或微笑。

**牌四**　在內心裡搜尋雖然你早已經擁有，自己卻渾然不知的內在智慧。它已經幫助你度過多次的難關，但你卻不知道自己擁有這等力量。

### 解牌實例

在以下這個利用世界牌來占卜的例子裡，四張牌都是宮廷牌，其中三張為逆位。宮廷牌代表問卜者生命中四個不同的人物，或者他個性中的四個面向。當牌陣中過半數的牌都呈現逆位時，顯示眼前狀況的能量流動完全被阻礙了，必須針對這個方向下工夫，以達成想要的結果。

**牌一　錢幣國王（逆位）**

我必須尋找並接受過來人的幫助，但是不要表現出來（因為這是逆位牌）。還有另一個解釋，錢幣這個花色暗示我，必須尋求一個新的經濟來源。

**牌二　聖杯騎士（逆位）**

逆位，顯示我天賦的禮物可能是缺乏某個東西，也許是從沒有人邀請我參加聚會，那我就必須接受，盡可能找自己喜歡的活動來殺時間。

**牌三　權杖騎士（逆位）**

逆位的騎士告訴我要幫助其他失去熱情或是因為太過激情而精疲力盡的人，我能分享我的同理心。

**牌四　權杖皇后**

我應該要相信自己，我看到在我身上有皇后的特質，對周遭認識我的人不斷發出光與熱。

# 第二章
# 小阿爾克納

塔羅牌的小阿爾克納共分成四種花色——權杖、聖杯、寶劍和錢幣，每一種花色都包含十張號碼牌和四張宮廷牌。每一張小阿爾克納的象徵含意，都依它的花色和號碼而定。對於小阿爾克納牌義的解釋，各家說法不一，爲了簡單起見，在本書所使用的系統中，權杖代表火要素，因爲製成權杖的「木」能點燃「火」；聖杯象徵水要素，因爲聖杯是容器，能盛裝液體；寶劍代表風要素，刀、劍或箭必須劃過空氣才能擊中目標；錢幣則象徵土要素，因爲錢幣由金屬製造，而金屬出土於地下的礦藏。這個依四要素爲脈絡的系統，能提供豐富的語彙，讓牌中的圖案、顏色及細節充滿個人的深層意義。

## 權杖 ❖ 火要素 ❖ 熱情

當你排開一（即王牌）到十所有權杖花色的牌，就足夠用來描述並探索生活中觸及熱情、直覺、意志力、行動、陽性、愛與力量、眞理與正義的各個層面，這些都和火要素有關。你也可以選擇讓你的工作、職業生涯和這些牌搭上關係，此外，還包括你的人際關係、夏天、日照當中、南方以及任何出於直覺想到的事項。

## 聖杯 ❖ 水要素 ❖ 情感

聖杯牌經常出現在和情感、感覺及關係有關的問題中，它所包含的能量和水要素有關。水不但會流動，也是活潑、富於變化的；水能潔淨，也具有治療的功能。聖杯所對應的季節是秋天，象徵的時間是日落時分，方位則是西方。從聖杯王牌到聖杯十，這組花色可以顯示一段關係從開始到完成的過程。

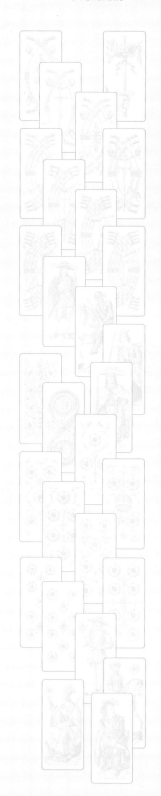

## 寶劍 ⁖ 風要素 ⁖ 理智

寶劍牌與頭腦、智力、單純呼吸的動作以及依賴氣體的感官有關，亦即視覺、味覺和聽覺等。大部分塔羅牌裡的寶劍都屬於雙面刃，象徵它能同時掃除好的一面與壞的一面。寶劍牌的出現往往顯示兩難的局面，不能以非黑即白的簡化方式解決，因此不容易做出決定。寶劍象徵春天、日升時分，以及東方。

## 錢幣 ⁖ 土要素 ⁖ 物質

錢幣花色的牌，和家庭、健康、金錢、基本生存之道、物質的繁榮、成就、貪婪、貧窮以及不健康的身體狀況有關。它所代表的是土要素，象徵堅實、穩定與可靠的狀態。錢幣牌出現所連結的事件可能是一份新的工作，或者和物質層面的努力有關。錢幣牌象徵冬天、午夜時分，方位則是代表北方。

### 宮廷牌

宮廷牌的功能像是一座橋梁，把數字牌所代表的普通經驗和大阿爾克納所象徵的重大生命轉折連結起來。每種花色所代表的能量，都被比擬成一個由侍從到國王的進程。侍從是不成熟的，騎士很活躍，皇后的情感成熟、善於滋養別人，國王則是智慧成熟並有所成就。古老的自然信仰中，一年的周期以十月的最後一天象徵死亡，接下來是六周的安靜直到冬至，萌發的新生命才把生命存續下去。宮廷牌出現在結束與下一個開始之間，很適合把事情反芻一遍、完整的經歷事情的結束或失敗，從中汲取教訓，直到新的智慧能不著痕跡的落實在你每日的行動與思想中。

# 王牌 ✥ 誕生

王牌和愚人有關，某個程度上也和侍從牌有關，都讓人聯想到嶄新的開始和未成熟的狀態。每張王牌都可以被當做是那組花色象徵意涵的最簡單代表，具有發展成各種品質或能量的潛在能力，它就像向前站出一步說著：「從前從前……」，但是到底要讓它的能量驅動你朝著自己的道路向前、後退甚至原地不動，都由你來決定。沒有人可以知道結局會是如何。

### 權杖王牌 The Ace of Wands

權杖王牌象徵行動、熱情或企圖心的浮現，可能是一段異性關係或一個新計畫，也可能和你生活的其他領域有關，代表潛在的能力與力量。

權杖是熾烈而陽剛的，權杖王牌則顯示你將必須扮演一個帶有父親形象的角色或角色典範，或者你必須接納並善加利用自己比較陽剛的特質，例如力量或自信、魄力。

### 逆位牌義

逆位的權杖王牌代表潛在的力量雖然存在，但卻沒有被發掘出來，可能是被某個狀況、行動或未行動給阻礙了，也可能是你未對自己的力量負責任。如果占卜的問題是和另一個人有關，那表示他（或她）並不是適合的伴侶或典範。

### 聖杯王牌 The Ace of Cups

出現聖杯王牌顯示有新的感情或關係正在萌芽，這裡所指的關係可以是友誼、戀愛，也可以只是在超市裡和陌生人的偶然邂逅。你所感受到的新情感，甚至可能和他人無關，只是自己內心裡逐漸形成的轉變。最重要的是，你是否感到快樂，讓聖杯王牌激勵你做讓自己開心的事。

### 逆位牌義

逆位的聖杯王牌暗示，你沒有察覺到正在萌芽的情感或關係，可能因此喪失大好機會。或代表現在追求內在深處的欲望並不恰當，建議你最好按兵不動，等待較好的時機。

## 寶劍王牌 The Ace of Swords

寶劍王牌暗示某種心靈過程的開始，或在道德上陷入兩難的局面。每當我爲他人占卜出現這張牌時，我會引導問卜者審視他自己的倫理觀念或道德標準。

另外一種解釋是，寶劍王牌爲新的想法、計畫背書，允許你嘗試未曾進入的心靈道路，它也確認你現有的新想法是適當的。

### 逆位牌義

逆位的寶劍王牌顯示你的新構想並不合情理，或是開創的行動在某方面會受到阻礙。如果這些解釋都不適用，那可能代表你即將進入倫理道德上的黑暗期，你的是非價值觀會受到挑戰，必須做出讓步，這可能會是個令人頭痛的決定。

## 錢幣王牌 The Ace of Coins

如果你正努力規畫一筆新生意，這張牌可是絕佳的幸運牌，代表著成功、昌盛。錢幣王牌通常是好兆頭，不管是健康或金錢上的計畫，都象徵新的契機且前景看好。爲你的健康、財富或家庭，開心接受這個好消息吧。

### 逆位牌義

逆位的錢幣王牌提醒你，現在是存錢的時機，而不是花錢的時候。它也暗示有必要使用「預防式」的醫療措施，例如施打流感疫苗、服用維生素與礦物質營養補充品，或者恢復原來窈窕的體型。

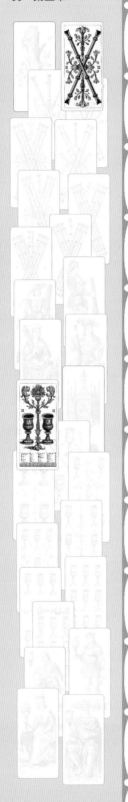

# 二號牌 ✤ 配對

二號牌的能量是平衡。它代表配對、二重奏、雙方平手、雙重的麻煩、雙胞胎等。它的本質是雙數的、雙重的，也是線性的，像是上與下、裡與外、來與去等。占卜時，鄰接二號牌的牌可以告訴你兩頭的道路各會通往何處，你可以決定何時要轉換方向。

### 權杖二　2 of Wands

權杖二暗示你活躍的直覺力能帶來無窮的可能性，或者你想擁有真實的權威，便無可避免的必須同時承擔責任。它也暗示關係一開始的角力戰，有人想當領袖，就得有人充當追隨者，你要選哪一個呢？

權杖二是非常陽剛、富有男子氣概的，因此你該自問是否盡到責任，對於在你管轄範圍內的每個人或每件事物，是否付出足夠的關心與呵護。

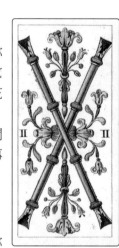

### 逆位牌義

權杖二若呈現逆位，顯示你的責任太重了，或是超過了你的權力。就像我們都了解的，肩負所有的重責大任卻沒有絲毫權威可言的窘況；也可能是由你負責的某個事項出現了問題。近來你是否忽略了什麼呢？又或者，出現的問題可能是發生在權力義務失衡的人際關係中。

### 聖杯二　2 of Cups

聖杯二正是平衡、和諧關係的原型，因此是戀愛和婚姻的絕佳指標。在其他方面，二號牌也預言著順利的職場關係、友誼等。它象徵所有可以維持良好關係的條件，包括明確的溝通、合作、忠誠、分享、為他人著想，當然，還有真愛與感情。

### 逆位牌義

逆位的聖杯二告訴你這並非理想的夥伴關係，互相合作的自然趨勢並未形成。忠誠、感情與真愛還沒有顯露，雖然可能已經在萌芽發展或努力耕耘的階段。二號牌原本代表的完美配對關係，在逆位時顯示出失衡狀況，或者應考慮是否是第三者介入的原因？

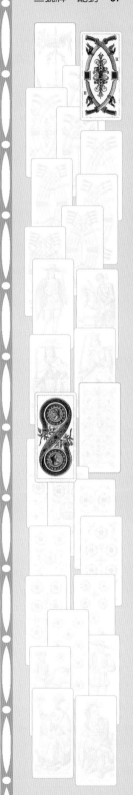

## 寶劍二　2 of Swords

一般而言，寶劍牌快速而果決，處理抉擇與痛苦時能夠當機立斷；相反的，二號牌卻代表陷入僵局、停滯不前和舉棋不定，就像被兩股力量反方向拉扯一樣。在占卜中，寶劍二通常代表著沒有「好」的決定可選，但同時也表示所做的決定也「壞」不到那兒去。「不做選擇」的選擇，則可能慢慢導向三號牌的狀況。

### 逆位牌義

逆位的寶劍二確認了你已經下了決定，或由別人為你決定但卻脫離了你的掌控。或許你接受了王牌賦予你的理智，但卻沒有利用它往正面的方向前進。你必須更全心的投入這個創造性的過程。

## 錢幣二　2 of Coins

錢幣二經常被認為和金錢、時間的操弄有關。本來的平衡很容易一夕之間突然被攪亂，讓你退回王牌的狀態或直接跳到三號牌。如果向外延伸，被操弄的事項更可以觸及日常生活中的各個領域，像是在物質面和精神生活之間求取平衡，或是工作與家庭間的取捨。

### 逆位牌義

逆位的錢幣二警告，你採用的平衡動作已經陷入危機中，不能再挖東牆補西牆。你將被拉扯到其中一個方向，直到再度找回平衡為止。

# 三號牌 ❖ 成長

**在** 王牌和二號牌所形成的X軸與Y軸形成的二維座標圖上,再畫上一條向上的Z軸,你就進入了三維的座標空間。三號牌的能量以各種有趣的形式,超越二號牌的平衡狀態。它代表三次、三倍、三重唱、點數三或三胞胎、三人組,或任何以一式三份出現的事物。三號牌顯示由二號牌的健康平衡向外擴張、延伸的狀態,你或許注意到了,以三的樣貌出現並不見得全然是壞事。

### 權杖三 3 of Wands

二號牌強調的自主權現在開始向外冒險、探索,不管你問的是有關人際關係、工作、職業生涯或個人力量,權杖三都顯示你必須繼續追求。前方還有更多的寶藏等待發掘,現在就下定論還嫌太早。探索未知的大好機會,超越眼前的界線,像獵人地毯式搜索般的找尋蛛絲馬跡,你的更高力量自會為你引路。

### 逆位牌義

逆位的權杖三顯示出,你的探索能量可能因為某個目的被阻礙了。或許現在孤注一擲是不明智的,或者受囿於你自身的膽怯。權杖三指出新的可能性受到了阻礙。

### 聖杯三 3 of Cups

聖杯三顯示順利的從二號牌的穩定夥伴關係過渡到多出一個孩子或朋友的狀態,也適用於家庭、社團、社區,以及任何我們能和他人分享的喜悅。他人提供了一面明鏡,讓我們更清晰的照見自己。聖杯三帶來的訊息便是出門去,結交新的朋友、加入新的團體!

### 逆位牌義

逆位的聖杯三警告你要小心你的交往關係,有時帶點猜疑心並無不妥,提防是否有第三者介入。出現這張牌時,相信自己的感覺,適時的從社交場合或新團體抽身。

## 寶劍三　3 of Swords

寶劍三是張令人心碎的牌。既然寶劍二提示我們沒有好的
決定可供選擇，下一步隨之而來的，自然就是失望與悲痛
了。要坦然接受自己的痛苦並不容易，我們總想假裝成無
所謂、沒有什麼大不了的繼續正常生活，但是痛苦是真
實存在的，必須要直接面對、接納、消化它，才能真正放
下和忘記。寶劍三表示，不管痛苦正在形成或者已經出
現，都必須被接納。

### 逆位牌義

寶劍三若呈現逆位，顯示心痛的程度較緩和或較輕微，它
不會像你預期的那般強烈。這張牌也代表自憐、陰鬱或其他的負面情緒；也可
以解釋為一種警告：不要因為心痛而讓步，或因悲傷而動搖你的決定。

## 錢幣三　3 of Coins

錢幣三描述三個團體的合作，或者某些類型的力量的集
合，像是基金募集、策畫或者是各種大型計畫、職務的實
際執行等。這張牌像是初入門的學徒，如果錢幣八代表精
通熟練的師傅、錢幣國王代表行家，那錢幣三就還只是工
人的程度。錢幣三的出現代表著純熟的手藝，也暗示辛勞
的工作會有收穫，例如加薪或升遷。

### 逆位牌義

逆位的錢幣三警告你期待中的加薪可能子虛烏有；計畫進
度可能因為公司縮減開銷或經濟衰退，導致不進反退。

# 四號牌 ✦ 平衡

**讓**我們再加上「時間」座標，超越具體的三度空間，形成四度空間。我們自過去的經驗記取教訓，也展望未來、規畫前程，或全然的活在當下。四邊形是特別穩定、平衡的形狀，因此一年有四季，天地有四方，一天有四個主要時段，而塔羅牌也分成四種花色。四可以是四重奏、二次方程式、四倍的樂趣、四人組或者追求自由的四重道路。

### 權杖四 4 of Wands

權杖四是自由的歡慶，享受你在三號牌階段時探索所得的成果。就像在你的花園裡，加上一座用四根柱子搭建而成的涼亭，會是非常有趣的。你值得這樣的慶典，因為你為掙得自由而努力奮鬥，也發揮了個人的力量才爬到眼前的高峰。

### 逆位牌義

逆位的權杖四暗示，現在就準備慶祝還太早，還有最後一件事情阻礙你達成自由。或許你打算一同慶祝的人，和你的感覺根本不同，你必須把他們的感受和處境考慮進去。

### 聖杯四 4 of Cups

聖杯四代表著「多餘」、「過量」或「額外」的意思；它傳達一種情感上精疲力竭的感覺，或許是在三號牌指示下的社交活動顯得有點過度的結果。花時間精力結交新朋友，可能會榨乾你的精力。聖杯三可能會讓你忙到沒有多餘的心思前進到聖杯四，也因此錯失了成長的機會。留給自己一些時間，來清除過量的活動或事物。

### 逆位牌義

逆位的聖杯四顯示過量的活動或事物並不會構成麻煩，你現在經驗到的感受或許很快就會消散無蹤。因為，倒放的杯子會讓杯內物倒出或流失；時間也同樣會耗盡。

## 寶劍四 4 of Swords

寶劍四強烈催促你要休養生息、充電再出發、恢復健康狀
況再成長。請注意，這些都需要付諸行動，光是僵坐不動
不可能會達成目標。現代的科技世界之所以充斥著緊張、
壓力與焦慮，原因之一便是我們不懂得停下來休息、讓自
己充電再出發。對某些人來說，休養生息是和壓力的能量
競賽，可是有些人卻是在清晨四點就起床焚香敬禱。你必
須尋找適合自己的方式。

### 逆位牌義

逆位的寶劍四顯示某人或某事阻礙了你迫切需要的休息。
你可能因失眠所苦，或是根本無法靜靜的坐下來，因為你的頭腦不斷的和時間
賽跑。時間的流逝往往讓你更加焦慮，因為為了應付你各種不切實際的計畫，
時間永遠都不夠用。

## 錢幣四 4 of Coins

錢幣四聚焦在你的占有欲，並且顯露出你對待所有物的態
度和方式。你是否善待它們？願不願意與他人分享？這張
牌與你的欲求是否多於實際的需要有關，如果是情況充
裕，倒也無傷大雅。錢幣四同時也發出警告：我們不能像
對待物品一般的占有別人。

### 逆位牌義

逆位的錢幣四警告你要抑制自己貪婪的傾向。你可能有無
止盡的欲望，擁有「我有這麼多，但還要更多」的生活態
度，認為自己的時間比任何人的時間都來得重要，因為一
意只想要達成目標而沒有耐心。

# 五號牌 ✣ 挑戰

**雖**然每個人都想停留在四號牌所象徵的穩固的四方框裡,但實際上,挑戰、艱難仍不免迎面而來。五號牌帶領我們進入心智、靈魂、自我等等的無形層面,這是第五元素的領域。五可以指五邊形、五芒星、五線形、五重奏、五重道路、備用的第五個輪子、敵方派來臥底或通敵的內奸第五縱隊。五號的塔羅牌則象徵所有會攪亂四所代表的穩定、平靜的事物,帶領我們朝著更高的數字所代表的成長、成熟與豐碩的狀態前進。

### 權杖五 5 of Wands
這張牌的概念代表良性競爭、建設性的批評和充滿樂趣的辯論。它鼓勵你在與別人的競爭中,考驗自己的力量、意志力和技巧。當不同背景與想法的人同聚一堂,合作便顯得十分關鍵。擴展自己以便容納來自四方的不同意見。

### 逆位牌義
逆位的權杖五顯示溝通不良、意圖不佳或普遍缺乏合作。你加入的競賽可能有人舞弊,你只有落敗一途。它也可能顯示別人給你的批評其實不懷好意,你必須自問長遠來看與其對抗是否值得。

### 聖杯五 5 of Cups
出現這張牌提醒你注意自己是否神智清楚,是不是將做出讓自己後悔莫及的事?在付諸行動之前,審慎考慮每個選項,確實從每個角度切入評估自己的處境。

聖杯五是張警告牌,所以做決定前,給自己多一點耐心及充足的時間運用智慧,而不要不顧一切的衝動行事。

### 逆位牌義
逆位的聖杯五提出友善的勸告:「不要再鞭打你自己了!沒有什麼好後悔的,你已經運用你手上的資源,盡力做到最好了。」你應該把它當做一項命令,把過去丟在腦後,邁開大步往前走。

### 寶劍五　5 of Swords

寶劍五暗示你可能即將面臨某種損失。不管戰況如何，或
有人對你作弊，你都必須記住一點，每一個勝利背後都有
人落敗、每一個贏家都必伴隨一個甚至更多個輸家。寶劍
五也可能顯示你的努力奮鬥是明智的，可以考慮請求別人
幫忙來解決問題，但要聰明慎選適合的人選。

### 逆位牌義

如果權杖五呈現逆位，那麼希望就不會落空，你仍然有足
夠的時間和機會扭轉頹勢。但必須了解，反敗為勝會耗費
很大的精力。

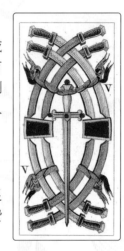

### 錢幣五　5 of Coins

這張牌代表名副其實的、無可避免的匱乏，也可能顯示出
健康狀態有問題。對於金錢上或其他財物方面的需求而
言，錢幣五是個不好的警訊，顯示你必須面對生命中重大
的事項，要小心處理，當別無選擇時更要虛心接受。錢幣
五的出現，也特別強調物質或身體的成癮問題。

### 逆位牌義

好消息！這個挫折並不像你原先想的那麼糟，可能還有轉
圜餘地。正位的錢幣五所顯示的匱乏可能還沒有產生衝
擊，你還有機會避開。

# 六號牌 ❖ 解決

**六**個邊、六個角便構成了六邊形。當你正爲五號牌象徵的挑戰艱苦奮鬥時，試著做六個深呼吸，並從至少六個不同的角度切入你的問題，不管再怎麼荒謬，也請想像六個不同的解決方法。在五號牌的緊張壓力之後，六號牌象徵的是令人歡迎的警報解除。當你循著一系列的數字牌來學習占卜時，你可以把六號牌當成是掙扎奮鬥後問題終於得到解決。它也和你的第六個脈輪有關，也就是第三眼，是靈視力、心智和所有與大腦、頭部的功能相關的所在位置。

### 權杖六 6 of Wands

恭喜恭喜！權杖六宣告了你的勝券在握！你贏了這場角力戰，可以開放正面的溝通，讓你的心和耳朵聽得進好消息，並且準備好採取行動。準備接受別人的讚美，並眞誠的回答：「謝謝」，而不是「那沒什麼」，即使人總是言不由衷。了解自己的價值，也期待別人能帶著同樣的欣賞眼光來看你。

### 逆位牌義

逆位的權杖六在警告你，別人可能會批評或一再質疑你處理的事情、漠視或貶低你的成就。這張牌的出現帶來的是壞消息，它也帶有成功但不滿足的意味，或是心不甘情不願的讚美。

### 聖杯六 6 of Cups

聖杯六讓人想起天眞無邪的過往。沉醉在回憶和懷舊之情中不是壞事，你現在的心智狀態正是建構在童年時期經歷過的情感上，了解過去更可以爲許多重要的問題找到答案。只要接受過去所帶來的心靈禮物和教訓，不需要在內容上畫蛇添足，單純的把疑問帶來的好處擴大就可以了。

### 逆位牌義

逆位的聖杯六勸你要提防看來天眞無邪的人或情境，容許自己帶一些健康的猜疑心。另一個解釋是在警告你不要再流連於過去，你有可能因爲往事而導致此時此地的傷害。把你的心思放在現在。

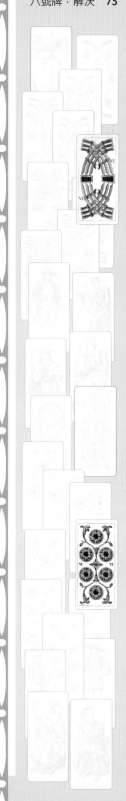

## 寶劍六 6 of Swords

寶劍六預告了即將出現的改變或旅行，至於變動是暫時或是永久的，則看你的決定。如果你嘗試一個想法，並且得到一個必然的結果，這張牌便是在告訴你該是換換B計畫的時候了。旅行或度假將會帶給你不同的觀點，抓住任何可以出門旅行、欣賞不同風景的機會。

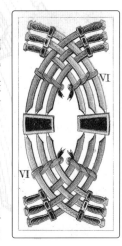

### 逆位牌義

逆位的寶劍六顯示事情轉錯了方向，必須原路折返。你目前的旅行計畫可能並不恰當，再不然就是徒勞無益。不但無法愜意的享受風景的變換，而且你正從平靜的水域航向波濤洶湧的惡水。

## 錢幣六 6 of Coins

身為土要素的六號牌，錢幣六與慷慨、仁慈、付出及幫助別人度過難關有關。一旦你接受或戰勝五號牌象徵的匱乏狀態，就表示現在的你在其他領域不但自足，還有多餘的力量可以幫助別人。把焦點集中在你的力量，運用你所擁有的一切，即使是不具名的，也要盡可能分享與付出。

### 逆位牌義

逆位的錢幣六告訴你必須看待別人值得你的付出，而不是認為自己能夠給予，所以高人一等。錯誤的自傲和錯誤的自謙一樣，都有潛在的害處和破壞性。

# 七號牌 ✛ 可能性

你有幸運數字嗎？我的幸運數字就是七，每當我看到七，便士氣大振，因為有了它為我撐腰加持，我知道任何事情都有可能。七號牌帶領我們更上一層樓，它的能量是關於如何開展你的生活品質，讓你的生命像一件藝術作品。人體有七個主要的脈輪（能量中心），平衡、精力充沛並充分了解七個脈輪的潛能，才能達成完整的狀態。第七層的天堂指的就是極樂世界。

### 權杖七 7 of Wands

權杖七顯示反抗權威是件好事，你是站在正義的一方，大可以放手一搏，打一場聖戰。維護你的理想與信仰，明白自己是為了理念而慷慨激昂，拒絕違背自己的信念行事。權杖七的出現確認現在正是堅持信仰的時候，你的立場已經十分穩固，足以打倒任何企圖拉你偏離方向的力量。

### 逆位牌義

逆位的權杖七質疑你根本沒有或即將失去較崇高的立場；你可能想重新考慮原有的計畫。

　　另一種解釋是，你根本沒有熱情和意願繼續奮戰下去。有些事件讓你心猿意馬，必須大費周章才能回歸正途。

### 聖杯七 7 of Cups

身為風要素的第七號牌，聖杯七象徵「想像力」，要你勇往直前、放膽築夢。何不活出你的夢想？落實你的想像？允許自己最狂野的想法和情感，付諸行動，以豐富自己的人生與人際關係。開展你的心胸，尋找美感，並發掘他人的美妙之處。

### 逆位牌義

顛倒過來的聖杯七可能顯示你讓自己的想像力失控了，變得完全不切實際。你想像的情節和結局可能永遠不會達成，最好妥善的收拾、整理你的頭腦和心緒。

## 寶劍七 7 of Swords

寶劍七暗示內心的混淆，提醒我們小心每個人都可能有欺騙或扭曲事實的傾向。這張牌也警告我們，可能有人想從中謀取利益。

　　寶劍七可能是塔羅牌中最大的一面「紅色旗子」，一般而言，它是個巨大的警告標誌，要小心全身而退。

### 逆位牌義

逆位的寶劍七讓你確定，儘管並非每件事都完全的光明正大，但也沒什麼好怕的。這張牌的現身能夠平息對於偷竊和不誠實的猜忌，同時也顯示出現了被排擠的人或無法融入的人。

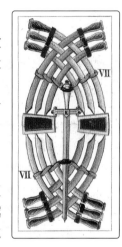

### 錢幣七 7 of Coins

這張牌肯定了你在生命花園裡所有的作為都是對的，你為它鬆土、播種、施肥，並且按時灌溉、除草，現在你只需等待果實成熟。有點耐心，因為這個過程一點都急不得，開開心心的欣賞你的花園成長茁壯。

### 逆位牌義

逆位的錢幣七顯示有許多事情是你該做卻還沒有做的，你必須開始耕耘自己的生命花園，拔除代表怠惰、拖延和浪費的雜草。

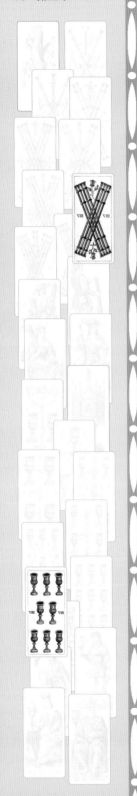

# 八號牌 ❖ 平衡

八 的能量比四所象徵的四邊形更穩定兩倍，比起二代表的配對平衡
更強上千倍。八號的塔羅牌是這麼的堅實穩固，以致於許多人都
誤以爲它代表著過程的結束或完成。橫躺的8，恰好是象徵無限的符號
∞，是無限大的意思。不過，即使它看來如此圓滿、完整，我們只應視
它爲旅程中相對穩定的高點，而非永久性的高峰。八號牌表示你已經體
悟並達到七號牌所延伸出來的各種可能性。

### 權杖八 8 of Wands

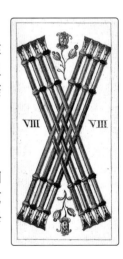

權杖八顯示在你的正當奮鬥中，支援、力量與靈感如甘霖
般適時出現，是你重振雄風的機會。有事即將發生，而且
極可能如你所願。這張牌顯露出無形的力量正落實爲實際
的行動與作爲，現在正是按照計畫向前邁進的幸運時刻。

### 逆位牌義

逆位的權杖八提醒你注意嚴重延遲的狀況。因爲某些因
素，助力遲遲沒有出現，你必須找出原因，或者在沒有幫
助的情況下持續下去。不要有所期待，眼前的運勢不利於
你，必須暫時低調一點。

### 聖杯八 8 of Cups

聖杯八暗示該是放手的時候了，放下結束的事情或感情，
懷有敬意但別再回頭，朝著更美好的未來邁進。這張牌經
常在問卜者考慮結束一段關係時現身，我把它視爲一種徵
兆，顯示已經不存在值得留戀的理由了。

### 逆位牌義

聖杯八若呈現逆位，表示你還沒有準備好向前走；你還陷
在剪不斷理還亂的情感關係中。這張牌的能量是後退的或
向下沉淪的，有可能是你不知道該如何爲關係畫下愉快的
休止符。

## 寶劍八 8 of Swords

這張牌的能量是受到侷限的，也許是被七號牌編織的謊言
之網給束縛住了。你的選擇、行動現在反而束縛你自己，
但解鈴還需繫鈴人，只有你自己能讓自己脫困。運用智慧
來完成先前的決定，改變心意或收回承諾都無妨，承認自
己的錯誤才是最重要的。

### 逆位牌義

逆位的寶劍八顯示你可以殺出一條生路，擺脫困住你的牢
籠。放手去做，試著把鎖打開，或許這個囚牢不像它看起
來的那麼牢不可破。

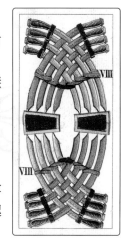

## 錢幣八 8 of Coins

錢幣八象徵你在手藝、職場或財務上取得優勢，所有的經
驗、努力終於獲得報償。健康極佳、體能狀況也很不錯。
你不再是個菜鳥或廉價的工人，你的技術相當具有價值。
你是命運的主宰，抽到這張牌表示現在是要求加薪或升遷
的好時機。

### 逆位牌義

逆位的錢幣八顯示有人擺出一副大師的架式，其實還沒有
足夠的經驗和技術。你可能是在唬弄你自己，或者是高估
了自己的能耐。你最近有什麼成績嗎？別再自得自滿。

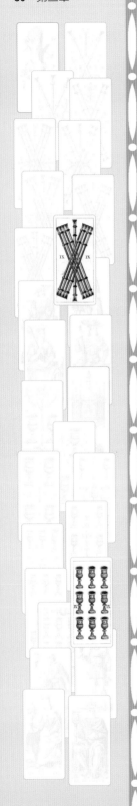

# 九號牌 ❖ 完成

三個三總和等於九，因此這些牌包含了三號牌的成長能量、六號牌的解決以及九號牌的收穫。在整個循環完成之前，這是你最後一次處理未竟事務的機會。九號牌提醒我們回顧過去，以過往為借鏡，照亮眼前的人生道路。雖然十號牌才是一系列數字牌的最後完成者，但來到九號牌本身也算是一種圓滿了。如果十號牌是畢業典禮，那麼九號牌就算是課程的圓滿結束吧！

### 權杖九 9 of Wands

權杖九代表意志力與個人力量的展現。你是勝券在握的贏家，只要堅持不懈，就能達成願望。眼前的工作做得好，就會得到另一份更令人滿意的工作。不要改變跑道，因為勝利已經在望。把辛苦奮鬥留下的傷疤，當成是成功的榮譽徽章吧！

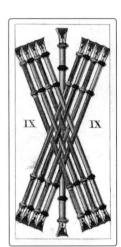

### 逆位牌義

很不幸的，逆位的權杖九表示你的努力不懈可能無法得到對等的報酬。你正在對抗一個已經不存在的理由，現況只是把你的能量和意志力消耗殆盡。你的報酬正逐步減少，是該即時殺出、減少損失的時候了。

### 聖杯九 9 of Cups

聖杯九代表你對自己感到滿意時，所得到的情感回饋。你幫忙創造出來的環境看來很好，能實現個人抱負。人際關係也已成熟且豐饒。在占卜中，聖杯九是傳統的「許願牌」，代表你的願望是恰當的，而且會如你所願。

### 逆位牌義

逆位的聖杯九代表不滿足感，也就是當你原本強烈渴望獲得的東西到手後，卻發現它不如你原先想像的美好時的那種失望感。典型的例子就是不快樂的有錢人，還有居高不下的離婚率。人類以為金錢和情愛伴侶能帶來快樂，但其實真正的滿足來自於自己的內在。

## 寶劍九 9 of Swords

在現在的狀況告一段落之前，你還必須花一些腦筋，而且事情可能不容易，也可能令你精疲力竭。因為擔憂導致焦慮、自我懷疑，甚至失眠。或許你知道什麼決定最適合自己，卻發現執行起來太過於痛苦。如果你繼續躊躇不定，決定權可能就會從你手上消失。

### 逆位牌義

逆位的寶劍九指出你的焦慮和自我懷疑並沒有實際的理由，必須重新審視自己的想法是否是導致這個結果的原因。你很可能會發現它們根本沒有事實基礎。引發你焦慮及失眠的原因也可能是身體因素，像是過敏或氣候的轉變，不一定是理智上的原因。

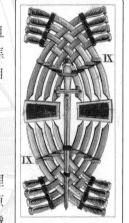

## 錢幣九 9 of Coins

錢幣九代表深謀遠慮的抉擇和努力所帶來的報酬，激勵你盡情享受經營良好的生活所結成的果實。它也可能指示你做出明智的選擇，例如規律的存錢、儉樸的生活，以免為錢財煩惱才能真正享受退休的生活，除非你已經準備好面對缺錢的窘境。

### 逆位牌義

逆位的錢幣九顯示，魯莽、愚蠢的選擇極可能會帶來財務上的災難或身體的疾病。明智的掌握財務和健康是至關緊要的。

# 十號牌 ✦ 圓滿實現

人類的手指和腳趾都各有十根，難怪會使用十進位的數字系統。十代表完美、完整。十個十總和即是百，也代表一個世紀，而十個世紀便構成了一個千禧年。我們用這些單位來計算人類的歷史，也常以十年爲單位回顧我們的人生。塔羅中的十號牌代表完成，也象徵不同花色能量旅程的最高潮。十號牌包含了從王牌開始所有數字牌循序出現的經驗與挑戰，也是各種花色最終目標的具體實現。

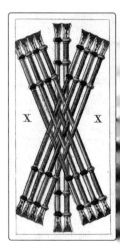

### 權杖十　10 of Wands

權杖十代表你具有負擔沉重責任的力量與毅力，可能是養育孩子的甜蜜負荷，或是因爲有個鬆散的工作夥伴，或者是出於自己生意上的需要。這張牌象徵你意志力與熱情的終極試煉，從王牌開始的陽剛自信、魄力便在此達成。

### 逆位牌義

逆位的權杖十暗示你的負擔並不恰當，或者太過沉重、難以處理以致於根本不可行。建議你減輕一些負擔吧！

### 聖杯十　10 of Cups

聖杯十代表內心欲望的完整實現，以及在奮鬥過程中眞正的快樂與成功。這張牌也可能伴隨在人際關係或治療過程的高潮點出現，對於組織家庭、建立團體與團隊或成立其他能讓你心滿意足的單位來說，這是個吉祥的兆頭。

### 逆位牌義

逆位的聖杯十是在告訴你，成功的機率正在削減，必須針對問題付出更多的努力和心血。你可能得讓自己沉澱下來，接受眼前的事實，因爲它已經是目前的情境所能夠提供的最好狀況了。

# 寶劍十　10 of Swords

寶劍十警告你可能即將要面臨有史以來最棘手的決定，準備應付最令人難堪的窘況，小心提防被人出賣或背叛。這回你可能得承認失敗，卑微的請求別人從沮喪的深淵拉你一把。

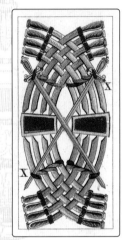

## 逆位牌義

逆位的寶劍十代表現在的狀況可能還沒有探到谷底；另一種解釋則是你所認為的背叛，實際上並不盡然，問題只是出在溝通不良或誤會。

# 錢幣十　10 of Coins

所有錢幣牌加起來就代表著家庭、健康、財務與家人的持久穩定，當你抽到錢幣十，就能放心它們會維持原樣。知識、愛、技術會由上一代傳承到下一代，金錢、財產、土地也能獲得繼承。多傾聽與學習長輩的經驗與智慧，在家庭的舞台上扮演好你的角色。

## 逆位牌義

逆位的錢幣十警告事物的無常，你原先依賴的特定事項有可能會消失。注意你的股票、股份；在簽合約之前要再三確認，自己是否負擔得起購屋或買車這類的大筆支出。

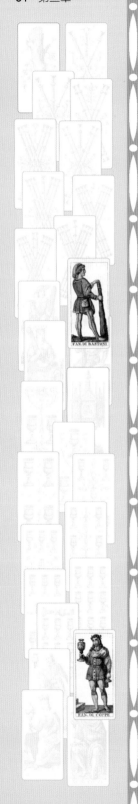

# 侍從❖或者爲公主、姊妹、女兒

**在**傳統的塔羅牌中，侍從牌上畫著一個年輕人，手中握著代表其花色的象徵物。在以前，它們的現身有時候被解讀是代表問卜者生命中的某個特定人物，他帶著重要的訊息，執行和該花色的符號象徵有關的任務。以前的占卜師也認爲，它的出現指向一個和牌圖上的青年有著同樣髮色的年輕人。不過，現代的占卜者發現，用它來談論個人的特質和個性，似乎更爲有用，同時也發掘出個人特質和牌圖上的符號象徵之間的關聯。許多現代的塔羅牌以公主、姊妹、女兒等女性角色來取代侍從，但並沒有侷限在特定的年齡層，例如一個姊妹從8歲到80歲都有可能。

宮廷牌（和其他所有的塔羅牌）有很多不同的聯想系統。它們可能被解釋爲問卜者生命中的某些人物，或者問卜者個性中的某個面向；有時候是生命中的停靠站，有時候卻是生命歷程中的一步一腳印。只要你使用宮廷牌，就會發展出適合自己的系統。我的宮廷牌大事紀是由東方（日升、春天、風要素）開始，一個長相古怪、腦袋空空的侍從才剛開始要消化前十張數字牌所象徵的人生經驗。他的前途彷彿春天海灘上的日出，明亮且充滿希望；但不成熟的個性讓他容易妄下論斷，也經常因爲一時興起或奇怪的念頭便改變心意。不過，後者也並非一無是處，因爲當環境改變，這樣的彈性便十分有用。

# 權杖侍從 Page of Wnads

風之火 • 理性化的意志力 • 信念

**自我的宣告** 對自身的信念會加強對別人的信念。

就像新婚的夫婦或剛當上父母的人，天真無知的權杖侍從根本還不知道自己未來的任務有多重大。他滿懷熱忱、加緊腳步，熱切的迎向從王牌到十號牌蘊含十種能量的新任務。他聰明伶俐，急於證明自己的能力，他已經理解一切，將在各方面接受檢驗。

## 出現的意義

透過了懷疑、恐懼與難堪的錯誤考驗之後，信仰的力量會逐漸增強。權杖侍從的另一種闡釋是，你就像一個年輕的宗教狂熱分子或新的皈依者一樣，正面臨對於信念的考驗。這張牌提醒你信任自己、他人，也同時相信神性。

## 逆位牌義

逆位的權杖侍從顯示信念真的受到動搖，或者不是堅實的建立在信任和經驗的基礎上。試著想像空中的風（侍從代表風要素）猛吹在火焰（權杖代表火要素）上，結果就是燒盡一切。同樣的，過度的合理化也會削弱意志力。

# 聖杯侍從 Page of Cups

風之水 • 理智化的感情 • 學習

**自我的宣告** 深切的了解內在感受到的情感，有助於用言詞將它們正確的表達出來。

這位侍從成功的通過一系列聖杯牌的考驗，能夠將理智應用在情感上。他的情感合乎邏輯、井然有序，他的各種人際關係也十分健康。聖杯侍從深深為此著迷，全神貫注於哲學的討論和心理學的研究，他的好奇心也擴展到整個自然現象的研究。

## 出現的意義

聖杯侍從是個勤奮好學的靈魂，它的現身代表穩當可靠的建議，像是徹底審視眼前的處境、考慮重回校園、參加自我成長的工作坊或試著充實自己的知識。

## 逆位牌義

逆位的聖杯侍從就像太強的風吹過水面，激起一陣波濤洶湧。如果各種條件配合，甚至會引起毀滅性的情感風暴！不要把這種旋風看得太嚴重，你現在感受到的情感將會改變。

### 寶劍侍從 Page of Swords

**風之風** • 合理化 • *祕密*

**自我的宣告** *我能幫助他人，而不需任何的感謝。*

寶劍侍從總是有那麼一點鬼鬼祟祟的，他總在幕後行動，雖然立意良善，但卻不欲人知。他通常是在神祕的狀況下解決棘手的問題，他明瞭方程式等號兩頭的狀況，可以隱形般的生活在圍籬的兩邊，就像個間諜或祕密幹員。

### 出現的意義

當這位寶劍侍從出現在身邊，生活似乎就會變得簡單很多。當他在牌陣裡現身，你就能確信有人會在不知不覺中幫助你，讓事情按照你的願望順利進行。他會在事前規畫好如何應付突發狀況，好讓事情平順發展。試著探查一下，找出這號人物，好好的謝謝他們無私的付出。

### 逆位牌義

過多的風要素可能引起心理上的不健康。逆位的寶劍侍從顯示有人為了某些不正當的、自私的理由，正在暗中刺探或採取祕密行動。他會先給你一個突如其來的意外，然後期待你不斷的讚美或褒獎他。

### 錢幣侍從 Page of Coins

**風之土** • 合理化的中心 • *專注*

**自我的宣告** *我專注在當下。*

錢幣侍從十分容易分神，有見樹不見林的傾向。他提醒我們要退後一步，好觀看整個大局。你是否曾經有過這樣的感覺，自己所做的就是匆匆忙忙的從一件事轉換到下一件事？錢幣侍從提醒你別讓能量渙散，要保持專注。

### 出現的意義

在人際關係的占卜中，錢幣侍從可以代表你曾經發誓再也不理會的情人，除非他們用行動證明他們的體貼和殷勤。

在臥房裡，這個侍從讓你暈頭轉向，但你能信任他嗎？當你們在一起時，你不會質疑他是你完美的伴侶，但一旦分隔兩地，問題又會悄悄浮現。

### 逆位牌義

太強烈的風吹拂土地，會形成沙暴或龍捲風。逆位的錢幣侍從暗示你必須專注於具體的細節，也極力主張你該合情合理的處理自己的財務狀況，別只是指望錢會從天上掉下來。

## 練習

把宮廷牌疊起來，洗牌，然後問自己以下的問題，再用宮廷牌來回答。

**牌一** 今天我是誰？
**牌二** 今天我必須成為怎樣的人？
**牌三** 今天會有誰幫助我？
**牌四** 今天會有誰阻礙我？
**牌五** 在這個計畫（處境、努力的過程、關係等）中，我扮演什麼角色？
**牌六** 在這個計畫的結果中，我將會扮演什麼樣的角色？

在你的塔羅筆記裡，把問題、抽到的牌和你一開始的解釋都記錄下來，以後再隨時添上你的新領悟。

### 解牌實例

**牌一** 錢幣皇后
**牌二** 錢幣國王

這兩張牌清楚的顯示由皇后到國王的進程，而錢幣這個花色則和健康、金錢等有形的事物有關。抽到這兩張牌告訴我在這些比較世俗化的領域裡，我必須放棄皇后所象徵的情感立場，改採國王較穩重的作法。不管我今天要處理的是什麼情況，都必須像國王一般，上緊發條、世故熟練，而不能像毫無危機意識的皇后。

　　如果我抽到的牌不一樣，牌二換成了錢幣侍從，那塔羅牌便是在告訴我，在面對一些健康、財務或身體的問題時，必須採取懷疑或富於彈性的觀點。

# 騎士 ❖ 或者為王子、兄弟、兒子

經過數字牌一系列的旅程後，你該循序漸進的使用接下來的宮廷牌——以侍從牌的角度思考、按騎士牌的建議行動、依皇后牌徹底去感受、最後終於達成國王牌的成就。經過整套花色旅程的消化、吸收和體悟，接下來第二階段的考驗便是真正的行動與毅力。傳統的塔羅牌，以跨騎在馬兒上的騎士來傳達這個概念；現代的塔羅牌保存了陽剛的行動力、達成任務的榮譽心及領導特質等，但是將帶有這些能量的騎士，以王子、兄弟或兒子的形象來取代。

占卜時，騎士可能代表一個年輕人（不管男性或女性）、一個必要的行動或預警別人將會採取的動作，也可能是你心中的意志必須被實際執行的部分。如果以四大要素來分析，權杖和寶劍被歸為具有男性特質，而聖杯和錢幣則被視為女性化。傳統上，塔羅牌的花色就以男性特質／女性特質的方式配成兩對，一對是權杖／聖杯，另一對是寶劍／錢幣。在每一對中，騎士所代表的意義和行動幾乎是剛好相反的。如果權杖騎士代表離開，聖杯騎士便是留下；如果錢幣騎士象徵義無反顧的向前衝時，寶劍騎士則是好整以暇、小心謹慎、動作溫吞。

就像夏天裡當空的烈日，熾烈而頑固的騎士帶著熱情與精力朝著目標全力邁進，雖然有時難免出錯，但目的總是崇高、真誠，也能很有風度的接受指正。他們渴望學習，也渴望執行任何對的行為，最後總能把事情完成。

# 權杖騎士 Knight of Wands

火之火 • *頑固* • *啓程*

**自我的宣告** *我能在任何自己選定的時候離開。*

圍繞在權杖騎士四周總是令人興奮、熱血沸騰的經驗，他從不畏懼新的嘗試，似乎永遠定不下來。在工作上，權杖騎士是有力的火車頭，能帶動任何有他加入的計畫，不過當他轉移到下一個目標，這個計畫可能就變得毫無生氣。在人際關係方面，權杖騎士會愛得轟轟烈烈，但卻能安靜的離開。

## 出現的意義

權杖騎士是尋求刺激的，喜愛從事跳傘、飆車以及各種充滿刺激的活動。他尋找各種能夠自我表現的機會、伸張正義，或只是單純的表現英勇無畏的精神。當這張牌出現時，是在召喚你付諸行動。騎士必定要做些什麼，然後指著它說：「這是我完成的！」

## 逆位牌義

你已經到了精疲力盡、停滯不前的狀態。權杖騎士雖然建議你啓程出發，但不幸的是，前方道路受阻，或者你自己並不知何去何從。就像大火之後的灰燼，你感到渺小、無助，隨著命運的風起伏飄盪。

# 聖杯騎士 Knight of Cups

火之水 • *熱烈的情感* • *提出計畫*

**自我的宣告** *我和他人分享生命的美麗。*

聖杯騎士的心處於烈火之中，不管是他對愛的感受、熱情、公理正義，或任何他的心所捕捉到的情感。他非常重視自己的感情，真心相信它們永遠不變，因此把侍從時期的瞻前顧後擺在一邊。

## 出現的意義

這張牌經常在問卜者提出關於求婚的問題時現身，要不然就是暗示對別人提出邀請，希望能結合彼此的力量。他就像那位穿著閃亮盔甲的騎士，從你身旁呼嘯而過、奔向夕陽。他也經常舉起聖杯敬酒致意、慶祝、破冰及撫平任何不愉快的感受。

## 逆位牌義

逆位的聖杯騎士顯示那些熱烈的感情，已經失去了熱度。這次，他並沒有帶來適合的邀請或建議，或許是現在的時機不對。

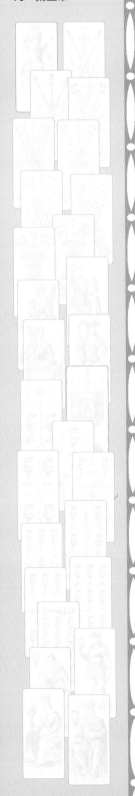

### 寶劍騎士 Knight of Swords

火之風 • 熱切的理智 • 任務

**自我的宣告** 我會動手去實踐心裡的妙點子，所以能夠了解自己最狂野的夢想。

寶劍騎士懷著熱烈的理想、信仰與目標。歷經了一系列寶劍牌所象徵的艱困旅程，如此多的背後中傷，結局令人意志消沉。為避免未來可能的絕望，他改採自我防衛的方式，奮力由敗部復活。寶劍騎士以真理、正義之名，手執理性之劍戰勝他人。如果你真正希望事情能完成，他就是你轉而求援的最佳人選。

### 出現的意義

當寶劍騎士現身，你就知道要停止枯坐徒想，必須起身處理眼前的處境。他也代表某個具有行動特質的人會出現，對你伸出援手或引導你。

### 逆位牌義

逆位的寶劍騎士表示你原本敏銳的理性已經變得遲鈍，或被貪婪或其他負面情緒所蒙蔽。你開始厭倦對抗邪惡的永無止盡的奮鬥，心中感到絕望；試著回想你為何努力奮鬥的理智上的理由。

### 錢幣騎士 Knight of Coins

火之土 • 熱情的核心 • 警告

**自我的宣告** 我非常小心我的財物。

錢幣花色代表著報酬、穩定不變，因此自此出身的錢幣騎士是所有騎士中最小心慎重的一位。他的觀點比侍從平衡許多，能注重細節，也同時顧及長程的目標。錢幣騎士知道如果想要達成目標，必須節約使用他的時間、精力和金錢。由於計畫和執行時都如此的謹慎，他的行動幾乎都會帶來成功的結果。

### 出現的意義

這張牌告訴問卜者要謹慎行事，尤其在財務方面。隨時注意細節，規畫或執行任何計畫時，都要小心慎重。

### 逆位牌義

太多的火燒灼泥土時，會發出廢棄物的臭味，而且沒有效率。逆位的錢幣騎士提醒你過於小心了。即使你已經累積了大量的財物，還是沒有辦法真正享受省吃儉用所帶來的果實。

## 練習

以下是一個有趣的練習，可以回顧你的人生，多加了解過去的自己，以及你如何轉變成現在的自己。它會讓你對自己過往已久的人生歷史產生全新的觀點。

- 回頭審視你的人生成就、好與壞、令人愉快或懊悔的事情。列出一個大事紀，可以包括類似以下的里程碑：
  - 在學校的運動或樂器表演
  - 第一次失戀的經驗
  - 拿到大學學位
  - 某一場旅行或冒險
  - 結婚
  - 重要的加薪或升遷
  - 離開某一個職位
  - 升格為父母
  - 失去所愛的人
  - 贏得獎項

- 把宮廷牌全挑出來，洗牌，然後為每一個里程碑抽出一張牌，用來讓你了解在那個人生階段的你。利用塔羅牌的模式來思考你是否有所改變？從侍從進步到國王？由熱烈的火轉變為講究情感的水？

- 接著，拿出數字牌，洗牌後為每一個生命里程碑抽出一張牌。它會解釋你為何會是宮廷牌所代表的那樣，以及當時你度過那個階段時的能量狀態。

---

### 解牌實例

#### 牌一　聖杯騎士

這裡所對應的里程碑是一趟印度之旅。當時有人向我求婚，而我掙扎著想要逃離。我一向是個理想主義者，就像聖杯騎士一樣，就是無法為無愛的婚姻定下來。記得我丟下一切，逃到印度一個月，以便深入探索自己的靈魂。

#### 牌二　權杖六（逆位）

逆位的權杖六代表當時圍繞我的壞消息，而正是這些負面的東西集合起來，把我推離當下的處境，轉向比較快樂、滿足的人生道路。因此，即便我仍記得那趟旅程中的壓力與擔憂，當時的我四周仍舊圍繞著一種勝利的能量。六個月後，這些能量開始完全的具體顯現，新的工作、寧靜的家，以及無盡的樂趣與活力。

# 皇后 ❖ 或者為母親、
## 生育者、養育者

皇后和國王，是整套花色中的統治者；在傳統和絕大多數的現代塔羅牌中，他們都坐在王位上，頭戴王冠、身著精緻的禮服。皇后代表母親的形象、權威的女性面，以及尋求安慰與情感支持的撫育者。她的管轄範圍包括社交和家庭事務、健康照顧、教育等。

雖然我用「她」來指稱皇后，但在占卜中，皇后牌仍然可以代表男性的問卜者或問卜者生活中的其他男性。同樣的，當我描述皇帝的特質時，雖然用的是「他」，在占卜時還是可以用來代表女性。人格的特質和個性才是重點，而非性別的差異。

經歷了自王牌到十號牌的旅程，皇后是情感層面消化整理的階段，這種母性的、照顧他人的形象反映在日常的事務上，就像涼爽的秋日裡西照湖水的夕陽。她喚回整個花色一系列的情感經驗，也因為在感情面如此全然的經歷，生命中的挫折已經無法干擾她的情感。皇后總是心懷愉悅與勝利，帶著深深的滿足行走人間，對周遭的人造成有利的影響。愛就是她的力量。

# 權杖皇后 Queen of Wands

*水之土・情感面的意志・朋友*

**自我的宣告**　今天，我就是自己最好的朋友。

當你把意志力應用在情感面，你就會成為最堅實、可靠的
朋友，就是那種赴湯蹈火在所不惜的朋友。權杖皇后或許
不是你的摯友，或是那種會和你一起出門、做什麼都黏在
一起的朋友；但是只要你需要她，她就會出現在你身邊。
她耐心的傾聽、提出完美而友善的建議。皇后或許顯得有
些古怪，但那些生氣蓬勃的怪僻是她自由的心靈與意志的
表現。你自己可能不想成為權杖皇后，但肯定真心喜歡有
這麼一個她在你身邊。

## 出現的意義

這張牌提示你期待友誼的到來。可能是好一陣子沒有消息的朋友突然來電，或
者你必須挺身成為別人的朋友。

## 逆位牌義

逆位的權杖皇后顯示你有關於某個朋友的問題，或和一般性的朋友關係有關。
自問是否盡最大的能力扮演好朋友的角色，或許現在有一位朋友正需要你。

# 聖杯皇后 Queen of Cups

*水之水・情感的力量・父母*

**自我的宣告**　我能做自己內在小孩的父母。

聖杯皇后是典型的「媽咪」牌，當你需要溫柔的呵護時，
她正是最佳人選。聖杯皇后就像慈母，把托盤送到你的病
床前，帶你去上各種課程、觀賞比賽或表演，無微不至的
呵護你成長。

## 出現的意義

代表你心的牌如果出現皇后，那就暗示一段幸運的人際關
係。事實上，每一張聖杯花色的宮廷牌對戀愛及正面的情
感而言，都是好兆頭。這張牌代表某個你所喜歡的人，你發現很容易和他溝
通。當你真正愛自己並接納自己的本然面貌，就能成為聖杯皇后。

## 逆位牌義

逆位的聖杯皇后顯示某個人可能不適合擔任父母的角色，或者無法擔負起撫養
的責任（例如養寵物）。這張牌代表缺乏情感的力量。

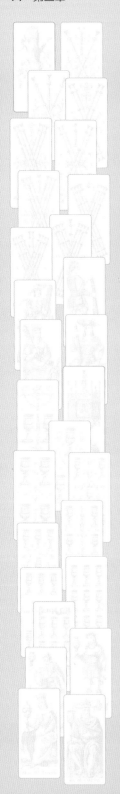

### 寶劍皇后　Queen of Swords

水之風 • 情感的理智 • 獨立

**自我的宣告**　我能有效率的處理迎面而來的任何問題。

寶劍皇后像是塔羅牌裡的寡婦,她很強悍,因為她別無選擇。有些人覺得她冷酷、剽悍,但是因為國王不在時,避免國家墮落的重責大任全都落在她的肩上。她外表看起來殘酷、不為所動,但實際上卻有深刻的感受。不過,寶劍皇后絕不讓自己的情感影響決斷力,當確定別人靠不住時,她就會插手介入、挽救頹勢。

### 出現的意義

這張牌對情愛關係來說,是不好的預兆。你的丈夫或伴侶可能即將讓你失望,你只能指望自己獨立一點。有時候一切只能靠自己。

### 逆位牌義

逆位的寶劍皇后代表缺乏悲傷的經驗:你一直不讓自己陷入不愉快的感覺,但那是有必要的。它同時也對你提出警告,該密切注意理智的運作是否毫不顧慮自己與他人的情感和感受。

### 錢幣皇后　Queen of Coins

水之土 • 情感的核心 • 安全感

**自我的宣告**　我擁有的一切足以讓我具有安全感。

這位幸運的皇后擁有穩定的工作、婚姻、房子、人壽保險、退休金等。以世俗的眼光看來,生命是如此的美好。對生意、錢財的獲得來說,她是個好兆頭,代表著目前的處境會有個順利的結局。這位女士讓生活井然有序,沒有任何事情能動搖她、打擊她。她是家人和一群朋友裡的穩定核心。

### 出現的意義

令人傷心的是,當女性的問卜者詢問關於愛情對象的問題時,這張牌的現身往往暗示對方是已婚的男人。錢幣皇后顯示他的婚姻其實很穩固,他只不過想小嘗偷腥的滋味,並不會真的為了問卜者而離開自己的太太。

### 逆位牌義

逆位的錢幣皇后會把不安全感攤在陽光下。或許你該檢查一下健康和財務的穩定度。不管這種不安的感覺從何而來,這張牌都提醒你必須徹底解決它。

## 練習

以下的「生涯皇后」練習提出五個問題，在這裡只使用16張宮廷牌，洗牌、切牌，心中想著以下的問題，然後陸續抽出五張牌：

**牌一** 我該如何滋養我自己？
**牌二** 有誰能夠滋養我？
**牌三** 什麼能夠滋養我？
**牌四** 我需要什麼才能支撐我的銀行戶頭（或其他重要的事情），或者讓它「增長」？
**牌五** 我該如何得到它？

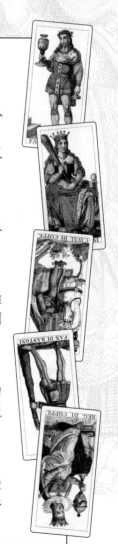

### 解牌實例

**牌一 聖杯侍從**
第一張牌告訴我，該以更多的學習來培育自己。我必須更深入看待引發我興趣、供我消遣的事情。我想到為了樂趣而閱讀，應該是一個很棒的方法，可以充實我自己、餵飽我的大腦。又或者去上游泳課，認真的把游泳學好。

**牌二 權杖皇后**
有個朋友很照顧我，我送她一只戒指，約她共進午餐。（不久之後，宮廷牌可以代表某個對你來說很特別的人物。）

**牌三 聖杯騎士（逆位）**
逆位的聖杯騎士，是我內向的真實個性的顯現。拒絕別人的邀請、避開某些人際間的互動對我是有利的決定。因為，花時間和別人相處即使有趣，但也非常損耗精力。

**牌四 權杖侍從（逆位）**
問及我的銀行帳戶，逆位的權杖侍從指出我對自己處理財務的能力沒有信心。相信自己、意志力和我的賺錢計畫，對我來說都是挑戰。

**牌五 聖杯皇后（逆位）**
這張牌告訴我，幫助我克服銀行帳戶的問題就是不要對它太過情緒化。我應該不要再為此擔心。在現實的層面上，我必須停止收養動物及增加新的經濟負擔。（還有別再亂買東西了！）

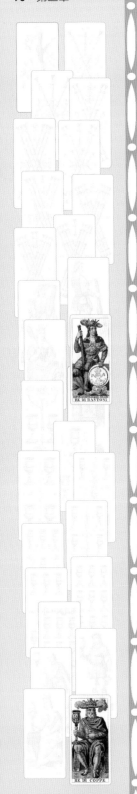

# 國王 ✤ 或者為保護者、統治者、供應者、父親

**終**於，我們來到了完全成熟的國王階段，經過一整套花色的旅程累積下來，他的智慧洋溢，也是他所屬的要素中最好與最崇高的代表。傳統上，國王處理防禦、經濟、對外政策、災難救濟等事務，對國家內發生的任何事情，甚至天氣、疾病，都負有最終極的責任。

國王的能量十分穩定、不易動搖或受他人左右；他的力量以現實和經驗的智慧為根基。當你到達國王這個階段，代表人生的課題已經充分的消化吸收，開始要應用在實際的層面。他舒適的穩坐贏來的王位，並在此接見臣子、坐聽朝政。

逆位的國王則自鳴得意、妄自尊大的坐在象牙塔裡，遠離子民真實的生活，往往沉迷於其他的追求而忽略了民間疾苦。

就像冬季山岳之中深沉冷冽的子夜，國王顯得穩定不移、富於決斷且具有堅定的智慧。他們以自己的成就、力量為傲，足以為發號施令或制定法律。他們是還沒有達到這個階段的每一張牌所嚮往的目標。

# 權杖國王　King of Wands

土之火 • 穩定的意志 • 誠實

**自我的宣告**　我說的是真的。

權杖國王清廉正直。他提醒你對自己和其他任何人都要誠實以待；他信守承諾、履行諾言，因此值得信任。他驅策你相信自己，你也不敢讓他失望，因為他對你的信念是如此強烈。當他表達心意值得信任時，他對自己所說出的話也充滿信心。

## 出現的意義

這張牌通常代表某個陽剛男性的出現或影響，像是伐木工人或是凡事喜歡自己動手，整個車庫都裝滿電動工具的男人。不管他是誰，他才是自己的老大，而且可能天生就適合當老大。

## 逆位牌義

逆位的權杖國王或許立意良善，但卻頗不守信用，無法信賴。他總是在最後一分鐘改變心意，或在你需要幫助的時候撒手不管。抽到這張牌，也暗示劣質的仿冒品。

# 聖杯國王　King of Cups

土之水 • 穩定的情感 • 伴侶

**自我的宣告**　我愛。

聖杯國王了解、碰觸自己的情感，因此能用言語把感情表達出來，並且和別人討論。他很好相處，你會喜歡和他共處一室。他可能擅長音樂或藝術，甚至有喜劇天分。他很有趣，或許也很迷人。幫助別人是他的專長之一，他總是願意幫忙、願意傾聽別人的心聲。

## 出現的意義

聖杯國王是代表你心的國王，它的出現對於伴侶或長期的關係來說，是非常吉祥的。你大有機會陷入一段戀情，找到真愛。

## 逆位牌義

這個人對自己的內在感受太過敏感了，以致於把你的感覺排除在外。逆位的聖杯國王顯示他有點自私，而且沉浸在自己的感覺裡。雖然他有潛力，但畢竟不是理想的伴侶，可以考慮和他建立朋友、夥伴關係，而不是婚姻關係。

### 寶劍國王　King of Swords
土之風 • 穩定的理智 • 倫理道德
**自我的宣告**　今天我會盡力做出最好的決定。

寶劍國王是最終極的理智人物，具有堅決的能力執行困難的決策，包括追究責任、定出懲處甚至裁除冗員。他為自己的決定負起完全的個人責任，捍衛心中的倫理標準、道德信仰，責無旁貸；也願意向他人說明及辯論。

#### 出現的意義
這張牌顯示你面臨了倫理或道德上的兩難，必須做出決定，不做決定就代表失敗和損失。它同時也能象徵出色的才華。

#### 逆位牌義
寶劍國王的逆位暗示並沒有做出最佳的決定，同時也顯示理由的不完美，或者情感和理智的徹底分離。逆位的寶劍國王看起來冷酷，但實際上只是因為沒有碰觸自己的感情。他無法用語言表達情感，有時候假裝成沒有感覺，因此有時候會爆發成憤怒或對周遭的人發脾氣。

### 錢幣國王　King of Coins
土之土 • 立基於穩固的基礎上 • 行家
**自我的宣告**　我就是這麼棒！

錢幣國王已經達到大師級的階段，彷彿具有點石成金的能力，任何他碰過的事物都會成功、順利。他對自己努力所做的事具有真正的熱情；他也能很有錢（如果錢財是他所熱中的話），也可能並不富有，但所做出的努力令人敬佩。錢幣國王才華洋溢，對於自己手上的事情非常在行，值得讚賞！

#### 出現的意義
用於解釋一段關係，錢幣國王這張牌指出，對你來說好的伴侶是財物不虞匱乏，也有間不錯的房子。他可能不會在感情上吐露太多，但樂於與你分享他的工作和成就。

#### 逆位牌義
逆位的錢幣國王顯示眼前的處境，對你來說並不在行。你的點石成金術已經失靈；你付出的可能比獲得的還要多。除非相當的努力或改變策略，否則成功的願望可能不會實現。

## 練習

這個四張牌的練習能幫助你認可及認同自己，你必須為自己背書，你就是命運的主人。

- 挑出一張牌來描述你想要掌握大局、成為國王的情況（牌一）。
- 問問你自己，想要成為哪一種國王？
- 只挑出宮廷牌，洗牌、切牌後，開始抽牌，直到抽到國王（牌二）。
- 問問自己，想要在眼前成為國王，必須付出什麼代價？
- 分別拿出數字牌和大阿爾克納，洗牌、切牌後，各抽出一張作為回答（牌三和牌四）。

### 解牌實例

#### 牌一　錢幣十

為了說明這個國王練習，我以我為一位女士的占卜結果作為範例。她因為急著想使混亂的家務掌管得當，而跑來找我。我們首先選了錢幣十來代表她的家。

#### 牌二　錢幣國王

我們翻到第七張牌，得到錢幣國王，這和用來描述她的問題的錢幣十是同花色。這張牌告訴我們，為了要得到對家務的掌控力，她必須讓自己成為料理家事的能手。她必須完完全全的把家當成自己所有，並且以她的家為榮，認真維持、保養家裡的環境和設備。她應該讓她的家成為她的生命與熱情，至少暫時如此。

#### 牌三　寶劍八

這位問卜的女士抽到的數字牌是寶劍八，暗示她為了想要理好家務所採用的方式反而讓她被綁得更緊。她不斷的在工作、購物或交際應酬，難怪家裡總是一團混亂。

#### 牌四　0 愚人

每當在占卜中抽到愚人，問卜者就會問道：「愚蠢的選擇是什麼？有什麼冒險的事是你不敢做的？」在這個個案中，這位女士的回答是：「在家裡經營事業。」她一直害怕在家工作會讓家裡更加混亂，但是她抽到的牌指出的卻正好相反，在家工作反而會強迫她讓家裡更井然有序、更善於治理家務。

第二部
# 利用塔羅牌改善人生

**前** 面第一部概要的逐一介紹了七十八張塔羅牌，以及用塔羅牌進行占卜的基本方法。第二部會更仔細的解釋，如何利用塔羅牌作為生命規畫的工具。我會詳加解釋你應該選用那種牌陣？如何設計你的問題？然後，如何解牌，以及了解、應用塔羅牌給出的答案，正面的改變你的人生。

首先，我們把現在當成是堆砌未來的一磚一瓦。給自己充分的時間來更了解自己，因為你值得！有一些新的發現可能讓你吃驚，這只是因為你沒有給自己思考的空間。當你越了解自己，就越能成功的用塔羅牌來規畫人生。

## 設計問題

利用塔羅牌來成就人生正面的轉變，最強而有力的方法就是提問有用的問題。朝這個方向來設計你的問題，就能導向解決問題的方法和有助益的解答。

### 思考問題：我的愛人欺騙我嗎？

很自然的，這個問題的正面答案是否定的：「不，他沒有欺騙我。」而負面的答案是肯定的：「是，我的愛人欺騙了我。」必須要非常有經驗的占卜者，才有辦法很明確的回答這種問題。然而，就算說對了，證據在哪裡？要設法得到證據嗎？就算知道了問題的答案，真的有用嗎？

你要如何處理這個訊息——難不成是讓你的愛人和塔羅牌對質？這個問題比較好的問法是：「關於我的愛人，我需要知道些什麼？」

## 堅持你的焦點

出現在占卜中的塔羅牌可能和你的人際關係有關，也可能無關，但自會揭示你必須知道的事情。請你再度思考一下，未經他人同意而窺人隱私是不道德的，即使是用塔羅牌的抽象方式。最具有建設性的問題應該是和你有關，因為唯有你才是你自己能主動改進的，譬如：

- 為什麼我不信任我的夥伴？
- 這段關係適合我嗎？
- 我該如何改善這段關係中的溝通狀況？
- 我必須怎麼做，才能讓我的夥伴相信我說的真話？

把施力點放在自己身上，努力成為自己想要成就的那種人，在個人的成長、力量與快樂上，就會帶來驚人的成果。

　　給自己足夠的空間和時間，在寧靜平和的環境中進行塔羅占卜，比較不會分心或受到打擾。你值得花這些時間跟空間，來探索內在的靈感與知識。照明良好的平坦桌面是必要的，我喜歡鋪上一層天鵝絨或厚厚的布，從桌面上拿牌的時候會比較容易。蠟燭、香味或美妙的音樂，你可以採用任何方法，來幫助你放鬆、專注在塔羅牌和你自己身上。

# 第三章
# 你的現在與未來

**沒**有人能夠告訴你如何活出你的人生，除非你自己放棄權力，讓別人左右你。這裡提出的塔羅牌占卜法，能夠幫助你重拾指引自己人生方向的能力。在你的內在，原就具足一切你所需要的力量與知識，這是與生俱來的天賦。塔羅牌只是幫助你用外在的肉眼去發掘，好讓你更容易主張及運用它們。

## 現在的你處於什麼位置？

首先，你必須認清生命中正在發生的事情，還有為什麼會這樣。在這個步驟中，你自身必須非常誠實，對過往的事情做一些檢視，這就是用塔羅牌進行生涯規畫裡為人所知的「鏡像階段」，也就是把塔羅牌當作一面明鏡，清楚照見自己，然後解構出表象背後的你。在你決定改變之前，清楚的知道自己所處的位置與未來的方向是極為重要的。

## 用塔羅牌做生涯規畫

接下來，我們來看看幾個占卜的例子，讓你能學會創造你自己的占卜法。當你開始用塔羅牌作人生計畫時，為何要從較小型的牌陣開始？這是有意義的，因為你可以把它們當成建築的磚瓦，一塊塊拼湊出你對較大型、複雜牌陣的了解。學習每一張牌時，都要花上足夠的時間，靜心思索它們的牌義。

　　你可以使用任何一種塔羅牌，只要感覺對了或是覺得被吸引都可以。你可以在家裡的任何地方進行占卜，或利用焚香、蠟燭或鐘樂創造一個獨特的占卜空間，也可以用你喜歡的方法來洗牌。

## 我問的問題正確嗎？

占卜時，最重要的決定其實是你要問什麼樣的問題。我們常因爲無力控制或改變，而對生命中的某人某事感到沮喪。其實，我們能控制、改變的只有自己，因此把問題集中在自己身上才有意義。你可以提出關於動機和原因的問題，但應該抱持著自我改進、轉化和自我實現的角度。如果問的是這一類的問題，抱持的態度也很正確，塔羅牌可以給出很好的建議和訊息。但如果問題很無聊，答案也可能變得很可笑或混淆，塔羅牌就不會幫上什麼忙。

　　有些占卜師甚至會在真正開始解牌之前，先詢問塔羅牌問題是否恰當，或是占卜是否能成功。例如，你可以先挑一個問題，洗牌後抽一張牌來幫助你決定是否要繼續：如果抽到的牌是正位，那表示問題是適當的，你可以把牌放回去，再重新洗牌，就可以爲你的問題開始占卜。相反的，如果抽到的牌是逆位，那你就必須重新考慮這個問題，重組它的語法，才能繼續展開占卜，或者甚至就此打住，下一次再試試看。

### 正面的改變意味著：

　　　　呼吸變得更自然
　　　　更快樂
　　　　生活更自在
　　　　寧靜平和的休息
　　　　講真話
　　　　健康的飲食
　　　　工作收入很好
　　　　時時刻刻滿懷愛心

# 你現在的生活

你問塔羅牌現在的你是什麼樣的人，它就會反映出你現在所選擇的生活模式。以下幾個占卜法都能幫助你更了解自己如何日復一日的過日子，以及你是個什麼樣的人。如果你正位在生命重大的改變和成長的節骨眼上，就只使用大阿爾克納來釐清你所面臨的重要能量。

## 問題：我是誰？

**牌陣**

依你偏愛的方式洗牌、切牌，然後抽出3張牌，排成一直行。

**身**

出現在這個位置的牌，會顯示一些關於身體的訊息，例如你的健康狀態或是你為什麼會擁有這樣的身體。這張牌也能顯示你的身體居住在那裡？和什麼接觸？做什麼工作？這個位置代表著所有肉體的、有形的事物。

**心**

這張牌代表著你的理智體、理性的力量，以及你擁有它們的理由。它有助於解釋為何你會有這樣的想法、你的思考過程以及最後決定的結論。請對這張牌所帶來的訊息敞開心胸。

**靈**

這張牌特別標示出你的靈魂狀態、靈性生活或是你與神性之間的關係。它同時也顯露出你實現生命更高目的的進度。神性，如果被當作動詞來解釋，是表示「以直覺來了悟」。開放你的靈魂，用占卜的方式來發掘自身神性的本質。

## 問題：我在哪裡？

**牌陣**

照你喜歡的方式洗牌、切牌，然後抽2張牌相鄰排列。

**道路**

第一張牌顯示目前討論的是你人生旅途的哪一個層面，如果它的含意並不讓你意外，就可以用這張牌的數字和花色來解碼你的人生道路。數字較小的，代表你新近才開始的事項。練習久了之後，隨著你解牌技巧的增進，你也可以自行挑選這一張牌來代表某段已知的道路，再抽第二張牌來了解你在這條路上已經走到了哪裡。

**進度**

第二張牌是進度的指標。如果它的數字比第一張牌大，代表你是前進的；相反的，如果數字比較小，那表示你不是在倒退，就是重複的在學習某個教訓。前後的花色如果一樣，那表示你沒有偏離原來的軌道；花色如果不同，你就該自問，近來有什麼事情讓你改變了路線，原因為何，這對你和你的人生道路有什麼意義？

# 問題：我的長處和弱點各是什麼？

### 牌陣

照你喜歡的方式洗牌、切牌，然後抽出3張或3張以上的牌由上往下排成一直行；然後，在它的旁邊排上第二行，牌數要相同。

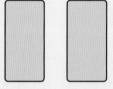

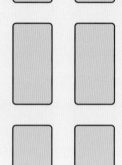

### 長處

這些牌代表你的長處。逐張檢視它們，思考它們代表你的哪一項優點。你抽的這幾張牌到底正不正確呢？對於這些牌所傳達出的訊息，你可能會非常驚訝！想一想為什麼會這樣？

### 弱點

用同樣的方式檢視這些代表缺點的牌。注意一下數字、花色和象徵符號是否具有重複性或特殊的模式，你或許會發現自己所有的缺點都屬於同一種花色、能量，或同一個數字。想想看這代表什麼，它們想告訴你什麼？

# 問題：什麼影響我的人生？

### 牌陣

照你喜歡的方式洗牌、切牌，然後選出兩張或兩張以上的牌，由左到右排成一排。接著在下方排出第二排的牌。

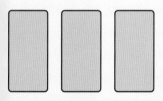

### 別人的影響

首先，思考一下別人對你的影響力，然後檢查這幾張牌和你的想法符合嗎？它們可能會給你帶來一些新的看法。

### 我的影響

接著，想想你如何影響別人。下面這一排牌告訴你的又是些什麼？

### 用塔羅牌預先規畫你的人生

你可以每天都做以上一種或全部的練習，思索這些牌陣要告訴你的訊息。是否有某幾張牌、某個花色或數字一再的出現？任何重複都值得特別重視及注意，就像這個宇宙在對你說：「看這裡！」此外，完全沒有出現的花色或某類型的牌也要特別注意，或許那代表著你必須在生命中增添的能量。

　寫下你的感想，決定在目前討論的這個生活領域是否要做一些改變，然後把你想要的轉變也寫下來。在往後的章節中，我們會討論如何實現這些改變。

# 你在哪裡？

這個塔羅牌陣可以顯示你在各個生活領域中達成的進度。你可以選擇任何和你有關的領域，包括智力的成長、職業生涯的進展、智慧、心靈軌跡、目前的戀愛關係、友誼、親子關係、健康等。如果是關於關係的占卜，你選的兩張牌一般稱爲代表牌，分別代表這段關係的兩個當事人。如果是其他和你個人的人生道路有關的占卜，第一張牌是描述你目前的狀態，第二張則代表你的目標或抱負。

## 問題：在這段關係中，我立於什麼位置？

### 牌陣

挑選兩張合適的代表牌，一張代表你自己，另一張代表這段關係的另外那個人。把剩下的牌隨意的洗牌、切牌後，抽出最上面的7張牌，不要翻開。然後，把兩張代表牌加進這7張牌，洗牌，然後由左到右，讓這9張牌排成一排。

### 解牌實例：個案解析

珍妮佛想和前男友破鏡重圓，他們倆的關係雖然已經結束，但仍同在一家法律事務所工作，而且也發現他們的工作默契十分良好。

珍妮佛前男友的
代表牌

| 寶劍十 | 錢幣國王 | 3 女皇 | 聖杯國王 |
|---|---|---|---|
|  |  |  |  |

**在代表你自己的牌左邊的**，是你已經經歷的階段，你經過這些才到達目前的位置。

## 總結

事實看來，代表珍妮佛的聖杯皇后幾乎出現在牌陣的最後面，顯示她幾乎經歷了所有能量與階段（包括兩個國王、一個女皇和一個騎士！）才到達目前的狀態。由此看來，她的目標是擁抱生命中最終極的自主權，更明確的說是在戀愛生活的領域裡。位在兩張代表牌之間的牌象徵遲遲未出現的改變、衝鋒陷陣以及勝利或好消息。看來，只要一丁點的催化劑，就會讓他們倆重回對方懷抱。

## 即時概念

這一類的牌陣可以有很多不同的解牌方式，但是最容易了解的方法是把焦點集中在圍繞每張代表牌的牌上。

- 真正在第一眼就跳入眼簾的是，聖杯國王上一張的女皇，以及聖杯皇后下一張的皇帝。這暗示珍妮佛和她的前男友都必須再向前一步，他們的關係才能重新啟動。他們多少把自己侷限住了，不然應該可以進展得更好。

- 兩張六號牌都落在聖杯國王和聖杯皇后之間，表示珍妮佛和她的前男友之間有一些理性和權力的問題要解決。這裡有三張寶劍牌，而僅有的兩張聖杯都是占卜前預先選好的代表牌。奮鬥掙扎和理智化的過程會充斥在這段關係裡，缺席的是浪漫和純粹的感情。

珍妮佛的代表牌

| 寶劍六（逆位） | 寶劍騎士 | 權杖六 | 聖杯皇后 | 4 皇帝 |
|---|---|---|---|---|

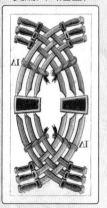    

**界於兩張代表牌之間的牌**，代表橫陳在你們之間的東西，可能是兩人之間還沒有克服或完成的事，或你們兩人成雙成對之前的重要任務。

**在代表牌右邊的牌**，表示你眼前的道路欲往之處。你也可以用同樣的方法解釋其他代表牌左、右邊的牌。

# 你爲什麼是這樣的你？

接下來，讓我們來檢視你個性中的數個面向，並思索爲什麼會形成這樣的你。你可能會想著重在某些事項上，例如你的社交能力、抗壓係數、你的批判思考力、理智觀點，或是在職場、休閒娛樂、男女之情及上司下屬關係中與他人相處的方式，你可以任選一個或多個事項來進行占卜。

## 問題：我的社交天性如何？

### 解牌實例：個案解析

我抽前面這兩對牌，是爲了釐清我的社交能力。結果第一對顯示我是內向的，第二對卻表示我是個外向的人。那你呢？還是一半一半？視環境而定？

### 牌陣

先決定你想檢視自己的哪個方面，然後隨意的洗牌、切牌，抽出兩張牌並列在一起。

我的特質

為何我有此特質？

**月亮（逆位）** 逆位的月亮代表一道明亮的光線，或某個會在夜晚中或一切靜止、寧靜之中放射光芒的人物。這是內向者的眞實本質，並不是錯覺。

**錢幣二** 就像錢幣二所顯示的一樣，我之所以內向是因爲我在操作兩件事情（或太多事情），爲找到新的平衡點而掙扎奮鬥。除非是比較單純或一對一的狀況，否則我可能很難平衡得很好。因爲同時有太多觀點出現時，我就很容易分心。

我的特質

為何我有此特質？

**聖杯騎士** 你很難找到比聖杯騎士更棒的外向人物了。我就像這位好客的騎士，經常邀請別人共用午餐、喝咖啡或參加其他聚會。

**權杖皇后** 就像權杖皇后所顯示的，我之所以會這樣是出於堅定而友善的天性。我主動結交朋友，是因爲同時享受當別人的朋友和擁有朋友的感覺。

# 問題：我在職場上的角色本質為何？

### 解牌實例：個案研究

在職場上，我們經常同時扮演監督者與部屬的角色，雖然有些人監督的只是自己的工作或顧客。約瑟夫是個業務員，但工作得很不開心。第一對牌探討他是否適合當監督者，第二對則推究他扮演部屬的角色是否稱職。

<br>

我扮演的角色　　　　自然本質

**寶劍二（逆位）**　這張牌顯示約瑟夫頭腦冷靜，扮演指導客戶的角色很能夠當機立斷。他不能踰越公司賦予他的職權，因此有懷才不遇的感覺。

**聖杯二（逆位）**　約瑟夫感覺起來像是公司裡的應聲蟲，因為他無法留住長久的客戶。他可能和某位客戶建立起不錯的關係，達成一筆業績，自此之後卻不曾再見過那位客戶。

<br>

我扮演的角色　　　　自然本質

**錢幣王牌**　錢幣花色代表約瑟夫的確有幫公司賺到錢，不過，這裡的點數是一而不是三或八，暗示他的表現不過平平。

**高塔**　這張牌顯示一個事實：約瑟夫計畫有一個大動作，想盡快離開公司。他之所以還耗在這裡混日子的原因是，只要情況許可，他馬上就要換老闆了。

# 規畫未來

現在，讓我們看看你的未來。這裡指的不是不可改變的宿命，而是在你最狂野的夢想中最快樂的未來。你最喜歡一年中的哪個時節？五年過後會是如何一番光景？乘著幻想的翅膀，想像各種可能性。

## 問題：在一年之內，我真正想要達到什麼位置？

### 實例解析：個案研究

在這些牌陣裡，我想得到一些建議，告訴我我的人生要往哪裡去，而我要如何才能到達那裡？

FAN. DI DANARI

### 牌陣

依你喜歡的方式來洗牌、切牌，然後抽出一張牌。如果它帶著正面的訊息，而且能呼應你懷抱的夢想，那就再抽第二張來找出你如何能在一整年中朝著這個方向邁進。相反的，如果它的訊息是負面的，反映著你不想要的事項，那接下來抽的第二張牌就會告訴你，如何去接納它並有所體悟。

REG. DI BASTONI

### 我的夢想是什麼？

**錢幣侍從**　錢幣侍從帶來的訊息是焦點的轉移，代表我的夢想是改變目前的職位，例如成為擔負整個公司經營目標的經理級人物，而非甘於目前在公司中的定位。

### 我該如何達成它或接受它？

**權杖皇后**　如果正如第一張牌所暗示的，我的夢想是當上經理，那第二張權杖皇后便在告訴我，保持這種企圖心，要在公司裡培養人脈。

　　但是，如果刻意成為經理並不是我的意願，那我就應該以接受事實的角度來解釋這張牌。這樣的話，權杖皇后便是在建議我，要成為自己最好的朋友，並信任身邊我認為是朋友的人。這些朋友中可能會有人有效的建議我，下一步該怎麼走。

# 問題：在五年內，我真正想要達到什麼位置？

**我想要達成什麼？**
**錢幣六** 代表擁有足夠的金錢，可以爲他人付出、與別人分享。處於可以做很多事情的位置，這是我一直想要的。不難了解這的確是我近五年內最想做的事。

**我想成為什麼樣的人？**
**權杖國王** 權杖國王也很有代表意義，它象徵著強大的個人力量，因此確認了我想自己經營事業的企圖心。

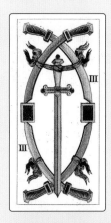

**我想征服的是什麼？**
**寶劍三** 這張牌代表悲傷所產生的成長與擴展。接下來的五年，我可能必須應付不少或大或小、令人心痛的事情。

**我必須知道什麼？**
**聖杯三** 這張牌告訴我，擴大我的社交圈應該會很有趣。人際之間的接觸可能會帶來商機，個人的建議也會是最佳的參考資料。

**我必須做些什麼？**
**權杖三** 三張三號牌，象徵許多成長、擴展的機會。權杖和聖杯代表探索新的道路可以發現寶藏，而擴展社交人脈也能帶來樂趣。

## 牌陣
隨意的洗牌、切牌，然後抽出五張牌。

## 總結
這五張牌的訊息是，如果我真想要錢幣六和權杖國王所顯示的利益，就必須通過寶劍三的挑戰，並如同接受權杖三和聖杯三的喜悅一樣，熱切的擁抱這個挑戰。

# 如何實現你夢想的未來？

這個占卜法是設計用來顯示，你在達成目標的過程中會經歷的各個階段。一般說來，這些階段是循序漸進的，但其實不盡然如此。當你練習時，要記住未來不是像石頭般不能改變的，因為你具有自由的意志，所以未來可能被改變。

## 問題：要達成未來的夢想，我該採取什麼步驟？

### 解牌實例：個案研究

我逕自開始創業，相信自己超越傳統智慧的直覺，想問問塔羅牌，以當個完全的自由工作者、自己做老闆為目標好不好？

### 牌陣

依你喜歡的方式洗牌、切牌，依你對塔羅牌的認識，選一張牌來描述你現在的狀態，把它擺在占卜空間的左下角。再選另一張牌描述你想要達成的狀態，然後擺在右上角。接下來在洗牌的時候，心中祈求宇宙告訴你連結這兩個狀態之間的道路，然後抽出五張牌，由左下到右上擺放，像一道梯子橫越你的占卜空間。

**我現在所在的位置**
**權杖王牌**

**第一步**
0　愚人（逆位）　出現逆位的愚人，告訴我要堅持原本的認知，不要魯莽進行新的冒險，危險就應該會降到最低。

**第二步**
15　惡魔　惡魔警告著危險以及小心自己騙自己。這對我來說是一記警鐘，讓我重新面對現實；它讓我對欺騙自己的行為有所警覺。

**即時概念**

- 牌陣中的四張大阿爾克納，顯示我的正確道路充滿艱難，包含很多重要的人生轉折。
- 惡魔與死神可能代表我必須接納、處理的棘手能量，他們的出現總讓人心驚肉跳！

**我想達成的目標**
權杖國王

**第三步**

**9 隱士（逆位）** 逆位的隱士建議我要盡量避免自己關起門來反省的傾向，在這個節骨眼上，往外尋求他人的知識與智慧是比較妥當的。

**第四步**

**寶劍四** 寶劍四告訴我要停下腳步喘口氣，我應該安排休工期來休養生息，但前提是必須先做完前面幾張牌的功課。

**第五步**

**13 死神（逆位）** 最後，逆位的死神告誡我，避免提早結束或延遲，換句話說，它警告我可能會覺得很洩氣，而在快要達到目標時竟然決定放棄。換句話說，它代表：「這時候千萬不要停下來！」

**總結**

從事自由業對任何人來說都不容易，很多人都失敗了。這些牌警告的是過程中可能備嘗艱難，是很中肯的訊息。

# 什麼對你最重要？
# 為什麼？

有些事項對任何人都很重要，包括家庭、果腹的食物、舒適的避難所以及特定的人生目標。另外有些事情，卻只得到某些人的重視。舉例來說，沒有每周的足球賽你就過不下去，而你的朋友卻覺得如果沒有芭蕾舞，人生就不值得活。權力、聲名，以及對它們的渴望，都可能在我們的人生中扮演舉足輕重的角色。

## 問題：在職業生涯中，我最重視的是什麼？為什麼？

### 解牌實例：個案研究

對茉莉來說，工作上的成功極為重要。因為家庭與經濟上的穩定，她想要把精力專注在工作和職場上。

### 牌陣

列出一張清單，把你覺得對你的快樂、圓滿感很重要的事情寫下來。洗牌，然後抽出三張牌代表另外三件你很重視的事情，加入清單的底部。接著把這三張牌放回去，再次洗牌，而且心中清楚了解它們對你的重要性，以及之所以重要的理由。找出和你的清單相呼應的塔羅牌，排成一列；然後在下方再排一列。茉莉的清單底部，最後的三件重要的事，分別抽到：

• 權杖國王（逆位）代表權威的相反，顯示不會成為位階很高的主管。
• 權杖九（逆位）代表持續性的相反，意即變化不斷。
• 13 死神　退休。

### 即時概念

出現大量的聖杯和錢幣牌，顯示茉莉把情感上的滿足感和職場成功所代表的金錢報酬綁在一起。

### 職場上的各個層面對我有何意義？

職業生涯

**18 月亮（逆位）** 這張牌象徵不存在的幻象。茉莉以為自己的工作終於步上軌道。

同事的敬重

**寶劍九** 代表焦慮。茉莉將此視為負擔，並希望尋求他人認同和成功與否無關。

### 為什麼它這麼重要？

職業生涯

**錢幣二** 茉莉之所以成功就像在變戲法一樣，善於平衡內在的信念和物質層面的需求。

同事的敬重

**權杖十** 就如同這張繁複沉重的牌所顯示，不管有沒有受到同儕的尊敬，都會造成茉莉的壓力。

## 總結

茱莉發現了三件和她的職業生涯有關的重要事項，之前她從沒想過、也未曾表達出來。這個過程不僅顯示這些不同的工作面向對她的意義，和之所以顯得重要的理由。她對別人的意見，比對自己體認到的事實還要重視。所以，應該學著臉皮厚一點，不需要靠別人來證明自己。

| 銷售業績 | 自由 | 不成為主管 | 豐富的變化 | 退休 |
|---|---|---|---|---|

**6 愛人** 對茱莉來說，東西賣得出去代表某種愛。她能賣出她的產品，是因為大家喜歡，甚至喜愛這項產品。

**聖杯侍從** 對茱莉來說，自由代表她有足夠時間研究所有可供選擇的方案。她希望能隨意的來來去去。

**聖杯八** 只要避免成為資深的管理者，當機會來臨時，茱莉隨時可以打包走人。

**寶劍王牌** 對茱莉來說，多樣化代表可以按照新的理想行事。

**聖杯七** 對茱莉來說，退休代表一些富有創造力的事情等著她。

| 銷售業績 | 自由 | 不成為主管 | 豐富的變化 | 退休 |
|---|---|---|---|---|

**錢幣國王** 良好的銷售紀錄也表示茱莉已經是職場上的箇中好手，同時也代表高收入和創造更好的業績。

**聖杯騎士** 這份自由能讓茱莉接受聖杯騎士的邀請，轉換不同的或更好的工作，進一步擴展她的事業。

**錢幣五** 如果她不能勝任，或者現況有某些不足，或者有不愉快的狀況，她就必須這麼做。

**錢幣七** 她能成功的構築自己的理想，因為她有耐心，也有真本事，可以讓自己的理想在一段時間後開花結果。

**聖杯國王** 她的眼界之所以這麼廣，原因是期望能在情感上獲得滿足。

# 曼荼羅牌陣：
# 到達眞實的喜樂之道

在佛教裡，曼荼羅是一個表現在平面上的聖殿，象徵靜心與各種可能性。聖壇中的每個物體都代表某種智慧和重要的精神戒律。曼荼羅通常由紙、布、米磨成的粉或彩色的細砂所製成；以下則用塔羅牌來布建曼荼羅：

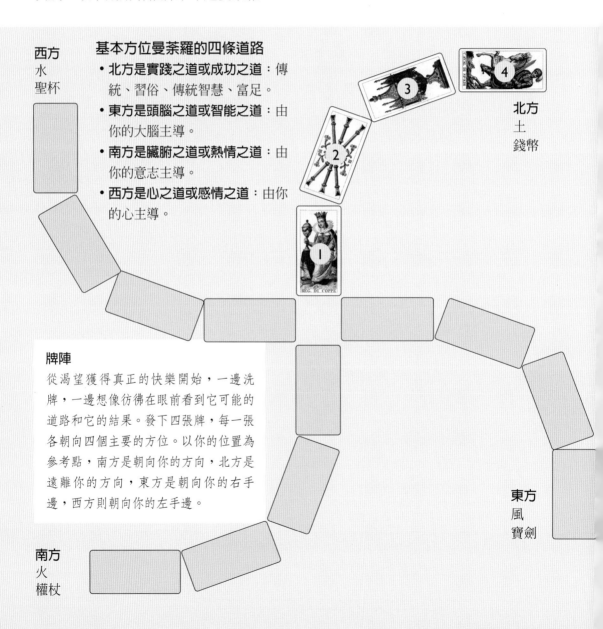

**西方**
水
聖杯

## 基本方位曼荼羅的四條道路
- 北方是實踐之道或成功之道：傳統、習俗、傳統智慧、富足。
- 東方是頭腦之道或智能之道：由你的大腦主導。
- 南方是臟腑之道或熱情之道：由你的意志主導。
- 西方是心之道或感情之道：由你的心主導。

**北方**
土
錢幣

### 牌陣
從渴望獲得真正的快樂開始，一邊洗牌，一邊想像彷彿在眼前看到它可能的道路和它的結果。發下四張牌，每一張各朝向四個主要的方位。以你的位置為參考點，南方是朝向你的方向，北方是遠離你的方向，東方是朝向你的右手邊，西方則朝向你的左手邊。

**東方**
風
寶劍

**南方**
火
權杖

# 問題：哪一條道路最適合我？

## 解牌實例：個案研究

我對北方的成功之道做了一次占卜，看看如果我遵循這條道路的話，事情會有什麼結果。不管你選擇的是哪一條道路，都可以提出以下的問題。

## 一、選擇這個方向對我來說有什麼意義？

**聖杯皇后**　這第一張牌告訴我，如果我要步上這條成功之路，就必須遇上一位像聖杯皇后般的人，她令人愉快、具有愛心、能充分感受自己的情感，而且願意和周遭的人分享她的愛。要不然就是我應該盡量幫助別人、關愛別人，自己成為聖杯皇后。

## 二、在這條道路上，我會得到什麼禮物？

**權杖三**　為了努力成為穩重又有愛心的皇后，我會得到一些意外的珍寶。我將擴大眼界、接納現在的我甚至是難以想像的東西，那會是非常珍貴而我目前缺乏的東西。

## 三、走在這條路上，我會面臨什麼挑戰？

**聖杯王牌（逆位）**　我在這條路上很理所當然的挑戰，可能是某段關係的失落、很快就結束的感情或友誼（因為是開始的相反）。又或者，走上這條路，我將會面臨整體人際關係的失敗。

## 四、走上這條道路的最終結果是什麼？

**寶劍騎士**　最後，走上這條成功之道的結果是，我學會了掌握自己的人生、勇往直前、讓事情完成，這正是騎士風範。特別注意路上這兩張聖杯牌的意義，它強調心在這個占卜中的重要性。

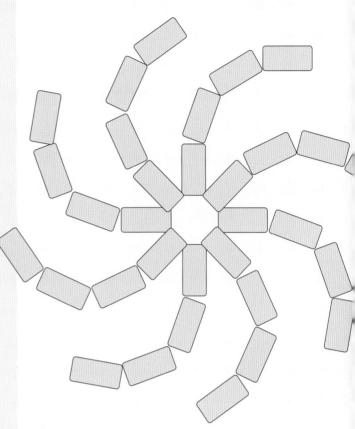

## 羅盤曼荼羅

羅盤曼荼羅和基本方位曼荼羅非常類似，但是有八個方位可供你選擇，而非只有四個。擺牌陣的方式則相同，但要再加入以下的方位：

- **東北方是智慧之道**：你以往積累的經驗會指引你。
- **西北方是靈感之道**：你感覺到被召喚，朝著這個方向邁進。
- **東南方是直覺之道**：由你的潛意識帶路。
- **西南方是本能之道**：這條道路感覺上像是你體內的硬體線路。

## 牌陣

先依照左頁的基本方位曼荼羅擺好牌陣，然後在離每個方位30度角的方向，再加上東北方、西北方、東南方、西南方四個方位。

# 第四章
# 改變你的現實生活

現在，你已經確認你是誰、你現在的位置以及未來想要達到的位置。接下來，讓我們討論如何利用塔羅牌來達成目標。在塔羅牌的幫助之下，將你的需求、欲望顯現在物質層面是真實可行的，要先從內在的信心著手，相信自己擁有改善人生的力量。一旦開始具有這種信念，你的行為、觀點、做事的方法和節奏就會出現小小的轉變。漸漸的，你的改變就會越來越明顯，而得到的機會也越來越大。看到這些成果之後，你將開始只接受對你有益、讓你愉快的改變，因為你真心認為自己值得得到最好的。

## 決定你要什麼

改變現實狀態的第一步便是給自己充分的時間，找出你的人生要的究竟是什麼，同時必須體認到這是會隨著時間改變的。大部分的人面臨的問題是，他們並不知道自己要些什麼。好好練習前一章的內容，直到燃起心中的渴望，並且清楚確認自己所要的東西。

## 集中火力

接著，改變現實狀態的第二步是轉化內在的觀點，體悟到自己確實有能力創造出快樂而滿足的現實。你能夠找到完美的工作，能夠變得強大而有效率，能讓人生的各方面需求都獲得滿足。

這是前後順序的問題，你不會要馬上或同時一次達成所有的願望，一次只處理一件事情。有時候職業生涯的改變，對於壓力和錢財損失反而有所幫助。控制體重能找回自信，增加尋得親密伴侶的機會。把你的優先順序訂出來，逐項完成後再一一畫掉。當目標達成時，可以買本漂亮的塔羅日記或套牌來犒賞自己。

　　還有一個很棒的方法，那便是每天早晨第一件事，就先就眼前的目標抽一張塔羅牌，來指示今天一整天的重點行動。不管你的目的為何，都可以請教塔羅牌你該怎麼做才能達成。

- 抽出一張塔羅牌，花點時間解釋它的牌義，然後決定今天要做的事。
- 把牌放在看得到的地方，或者整天攜帶，以便隨時提醒自己應該執行的任務。
- 養成習慣，把任何可行、不可行的細節都隨手記錄下來，關於塔羅的解牌心得也都寫下來。過了一段時間之後，你會發現塔羅牌的意義似乎有所演化，但基本牌義不但不變，還會幫助你塑造你的現實生活。

## 我今天該做些什麼？

### 尋找心目中理想的工作？

**寶劍三**　這張不愉快的牌暗示我必須面臨會令我不快樂的狀況。我能根據這個知識找到更好的工作，但是要避開和現在的職位有相同缺點的工作。

### 為我的人際關係帶進良好的溝通？

**錢幣八（逆位）**　原本代表掌控的牌卻呈現逆位，暗示我必須放棄控制這段關係的念頭，停止嘗試掌控我的夥伴。

### 是否按原計畫進行？

**錢幣二**　這張代表操弄的牌提醒我必須留意計畫的各個環節，確保沒有遺漏什麼。我得像個雜要者般的思考和行動，好讓計畫實現。

# 自我的實現

有時候，你會覺得自己無力實現心中的願望，或被身邊的
人與事淹沒嗎？使用魔術師大阿爾克納能幫助你恢復個人
的力量。仔細研究這張牌，他有什麼工具？而在你的手上
有沒有類似或相同的，你希望能更善加利用的工具？你的
私人工具箱有沒有什麼寶貝？你覺得自己在哪方面必須變
得更強壯、更有能力或更為幹練呢？

## 問題：我如何才能變得更強而有力？

### 解牌實例：個案研究

珍覺得自己和丈夫意見相左時，一點影響力都
沒有，而在職場上也是如此。她抱怨周遭的人
好像都在削弱她的力量。

## 我必須在哪方面增強個人力量？

**寶劍侍從**　這張牌代表
祕密幹員，象徵珍習慣
在行動前先徵求他人的
意見，她必須學習在沒
有別人認可的情況下獨
立行動的能力。

## 我要如何才能獲得這個力量？

**錢幣十**　珍應該由生命
中永久性的事物獲取力
量，例如家庭或家族這
些她能依賴的層面。她
必須體認到自己已經擁
有他們永恆不變的愛與
支持。

### 即時概念

- 整體而言，占卜中占了多數的錢幣牌顯示著
  金錢以及其他有形實體的能量，像是身體健
  康、所有物或財產等。
- 兩張寶劍牌的出現，凸顯珍必須要加強的是
  心理與理智的層面。
- 錢幣五指出一項嚴重的匱乏，必須面對並接
  受它。
- 在「如何獲得力量」的位置上全都出現錢幣
  牌，暗示珍應該要正視她的問題，解決辦法
  必須切合實際。

## 牌陣

把魔術師擺在牌陣的上方，抽出三張牌，分別代表三個你認為自己應該增強個人力量的領域；將它們從左到右排成一排。另外再抽三張牌排成第二排，來尋求如何在這三個領域獲得力量的方式。

## 總結

或許珍眼前的工作並沒有加薪的機會，但這並不是她丈夫的錯；對她而言，家人的愛是很重要的力量來源。她可以更加小心的處理金錢和擁有物，但謹記丈夫並非她的一項財產。她的無力感有一部分是來自於錢財不足的感覺；有此體認是獲取力量或者轉換工作跑道的首要之務。把這些代表如何獲取力量的牌，和魔術師一起放在她看得到的地方，隨時提醒她這次的體認。

**寶劍騎士** 這張牌告訴問卜者要勇往直前，衝鋒陷陣。再一次的建議珍，行事必須充滿自信，不需要別人來告訴她該做些什麼？什麼時候做？怎麼做？

**錢幣五** 這張五號牌顯示確切的缺乏，也能代表健康情形不佳或財源不豐。在這個個案中，它告訴我們珍要增強自我力量，必須先解決薪水太少的問題。

**錢幣三（逆位）** 很可惜的，這張牌是個偌大的警鐘，警告珍不要期望加薪或升遷的機會。她應該向前邁進追求生命的理想，而非坐等它們自己送上門來。

**錢幣四** 這張牌和上面的牌花色相同但數字較小，意在警告珍必須慢下腳步、減緩堆積東西的速度。它的訊息是要節儉一點，這也是因應薪水太少一個很必然且合邏輯的方法。

# 實現成功的職業生涯

用塔羅牌作為職業生涯的顧問有許多好處。你可能對現在的工作不滿意，想知道是否有更適合自己的機會；或許你應該得到更高的薪水；或者你在待業中，正想嘗試新的方向。又或者你和以下的案例一樣，正小心翼翼的朝著職場目標邁進，但是在時間的安排上需要一些建議。

## 問題：為了實現我的職場目標，什麼才是最好的方法？

### 解牌實例：個案研究

娜特莉已經在銀行當出納員四年了，現在想轉換到抵押部門。她想尋求一點建議，看看究竟是留在原來的公司等待升遷的機會，還是到別的地方試試看。

### 牌陣

在心裡想像把問題「放」進塔羅牌。按照自己喜歡的方式洗牌、切牌，然後取出最上面的五張牌，從左到右排成一直線。

**我目前在職業生涯上的位置如何？**

5 祭司 這張牌顯示目前娜特莉是在權威的支配下工作，這或許能提供某個程度的安全與穩定，但卻不允許個人有大幅的成長空間。祭司的存在為的是服務團體的整體利益，而非個人的利益。

**什麼會幫助我向上提升？**

20 審判 牌面上畫著靈魂在天使的樂音中，從墓中復活。要在職場上提升，娜特莉必須回應內在更高目的的召喚，或許在抵押部門工作讓她覺得自己對別人更有幫助。審判象徵在世俗中尋求心靈的目標，找尋能提升靈魂或有助於人性的東西。

### 即時概念

首先，注意是否有明顯的模式形成。

- 共五張牌的牌陣卻出現兩張大阿爾克納，這點很重要。這代表娜特莉現在的位置和幫助她提升的力量都是生命中重大的事項（大阿爾克納），而非日常的例行事務（小阿爾克納）。

- 三張權杖牌也有重大的意義。權杖和意志力、直覺、職業生涯有關，所以這幾張牌和娜特莉的職業生涯關係特別密切。

### 總結

第二張和第四張牌直接回答了娜特莉原來的問題。她要實現職場目標最好的選擇是找到一個更崇高的目的，並願意承受重擔。所謂更崇高的目的或者幫助他人，經常是戰勝艱難任務、超時工作和壓力重擔的唯一方法。如果接納了這項建議，娜特莉應該可以擺脫祭司無趣的框框，進入比較振奮人心的領域，在那裡才有個人成長的空間，而且財務狀況也能同步成長。

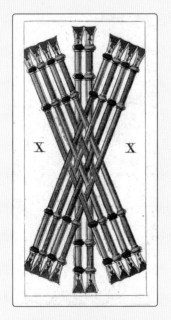

### 什麼妨礙了我？

**權杖六**　這個位置出現這張牌顯示娜特莉必須承認、處理的問題。她如此渴望獲得外在的成功，但這份對勝利和穩定保證的需要，反而阻礙了她。娜特莉必須更有自信，並願意讚美別人，而非只是渴望別人的讚美。

### 什麼能幫助我到達目的地？

**權杖十**　這張牌代表沉重的負擔，通常是因別人而起，例如照顧家人或者病患。它似乎為娜特莉指出一條最具耐受力的道路：不是現在的職位上有更多的工作要做，就是要考量新的工作帶來的額外負擔。簡單說，不管留下來或換工作，她都得更加努力。

### 在職業生涯中，我想要爬到什麼地位？

**權杖五**　五號牌界於王牌和十號牌的正中間，這代表娜特莉最終的願望是成為中階主管。權杖五的意義是爭鬥與衝突，但是可以轉化為合作，有些人能夠因健康的辯論而茁壯。這張牌也顯示娜特莉期待具有挑戰性的職位。

# 富足的實現

實際擁有豐饒優沃的生活遠勝於僅僅單純感覺到滿足。它不只是「足夠」，而是擁有的比「足夠」更多。不只是銀行戶頭，人生的各個領域都非常期待它的降臨。如果我們擁有多到滿溢出來的愛與快樂，才能分享給周遭的人。

## 問題：我該如何實現人生的富足？

### 解牌實例：個案研究

我的朋友海倫收養了兩個流浪貓家庭：兩隻貓媽媽和十一隻小貓，這還不包括她原本就養的四隻貓。

　　她把這兩個家庭分別養在不同的房間裡，然後開始聯絡收容中心、張貼認養廣告。後來，其中一隻母貓死於貓白血病，情況馬上就改變了。因為這麼一來，小貓就無法被認養，收容中心也無意幫忙。海倫一開始出於善心的行為，卻成為龐大的財務負擔和情感負擔。

### 牌陣

指定一個特別的領域，在開始這個練習前發問：「我要如何讓某個領域變得富足？」然後依你偏好的方式洗牌、切牌，接著抽出五張牌，由左到右排成一個扇形或拱形。

### 我在這個領域為何會有所欠缺呢？

21 **世界** 海倫的人生之所以有所欠缺，那是因為世界本來就是這樣。在吠陀文獻中一再提到，物質世界不過是受苦的地方，有所欠缺不但正常，而且是人類或整體世界的一部分。在這個世界裡想要獲得富足的生活，必須特別努力。

### 我如何補救這項欠缺？

20 **審判** 海倫為了彌補這項欠缺，必須和內在更高的力量協商。留意審判日的召喚，或是重新經驗心靈的重生或奉獻。這個問題的解決之道不在世俗層面。

**即時概念**

- 五張牌中有三張是大阿爾克納，顯示這是人生的重大事項。
- 特別注意錢幣八的出現，這張牌帶著正面的成長能量，能正面的幫助海倫體認到自己在這方面的富足。

**總結**

小貓對海倫的生活有重大的影響，而海倫對小貓而言也是如此。雖然海倫無法全盤掌握小貓的命運，但整體而言，前景仍然看好。

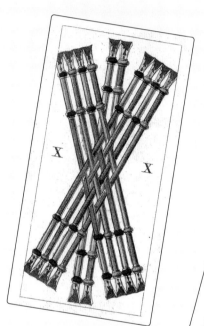

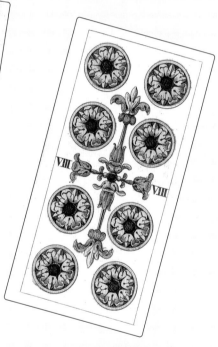

### 在這方面，什麼會為我帶來富足？

**5 祭司** 答案和權威人士的建議有關，在這裡，可能是獸醫，或至少對貓白血病、流浪動物有經驗的人。海倫應該徵詢他們的意見，遵循他們的指示行事。

### 我現在最好的選擇是什麼？

**權杖十** 海倫眼前最好的選擇是依她的能力扛下這個愛的重擔。這張牌所代表的能量，就像是父母承擔養育子女的重任一樣。海倫應該稍微研究護理與治療的方法，繼續已經進行的工作，如果可能的話，甚至多做一些。

### 會出現什麼富足的新狀況？

**錢幣八** 這張八號牌是主司支配與掌握的牌，顯示海倫能成功掌握局勢的希望很大。就算沒有其他的收穫，她至少能獲得這種疾病和照顧流浪貓的豐富相關知識。

# 78個職業的選擇

以下會列出78張塔羅牌提供的職業生涯選擇，可以作為幫助你
思索、計畫或做決定的基礎。它的用意並不在保證你下一步照
著做一定會成功，而是幫助你脫離舊有的模式、啟動思考。事
實上，不管你的考量或現況如何，都能利用塔羅牌來幫你解決
問題。警告你「你不能用塔羅牌來解決問題！」的人，不過是
缺乏了一點想像力。

　　自己問自己以下的問題，然後抽牌作為解答，每個問題最
多抽三張。對照以下描述職業的列表，就可以了解塔羅牌帶
給你的訊息。

- 現在我最佳的工作選擇是什麼？
- 哪一種職業生涯最適合我的身、心、靈？
- 哪一個工作的收入夠我支付帳單？
- 哪一個工作會讓我最有滿足感？
- 我現在有什麼工作機會？

**0 愚人**
投機的資本家或從事
跳傘、攀岩的人

**1 魔術師**
科學家、化學家、
工程師

**2 女祭司**
神祕主義者或與占卜算
命、靈療有關的行業

**3 女皇**
和健康及女性議題有
關的工作

**4 皇帝**
主要的管理者、最高
權力者

**5 祭司**
教皇或神職人員

**6 戀人**
性治療師、婚友社工
作人員

**7 戰車**
駕駛、軍隊中的領導
人物

**8 正義**
律師、法官或其他法
庭上的工作

**9 隱士**
作家或眞正的隱者

**10 命運之輪**
賭徒、與樂透相關的
工作

**11 力量**
大型動物的訓練師、
獸醫

**12 吊人**
義工或從事慈善事業

**13 死神**
殯葬業或照顧末期病
人的工作者

**14 節制**
體操運動員、極向整
合治療

**15 惡魔**
酒保、媒體工作者

**16 高塔**
災難救濟工作者、爆
裂物技術人員

**17 星星**
生活輔導師或其他啟
發人心的工作

**18 月亮**
天文學家、太空人

**19 太陽**
照顧孩子或任何戶外
的工作

**20 審判**
尋求你內在更高力量
的建議

**21 世界**
把事情盡量完成或完
成部分

| | | | |
|---|---|---|---|
| **權杖二** | 自由工作者 | **權杖侍從** | 宗教諮商、教堂的工作人員 |
| **權杖三** | 航海者、冒險家、探勘人員 | **權杖騎士** | 試試全然不同的工作！ |
| **權杖四** | 捍衛公民權人士、政治家 | **權杖皇后** | 加入一家公司，但前提是你喜歡那裡的人 |
| **權杖五** | 調停者 | | |
| **權杖六** | 船運公司的嚮導 | **權杖國王** | 選擇能讓你保持誠實的工作 |
| **權杖七** | 加入你所信仰的事業 | | |
| **權杖八** | 領航員或在航空業工作 | | |
| **權杖九** | 留在原來的職位上，執著本業 | | |
| **權杖十** | 護理人員 | | |

**權杖王牌**
關於男性健康
的工作

| | |
|---|---|
| 聖杯二 | 婚姻諮商師 |
| 聖杯三 | 聯歡會或娛樂業的導演 |
| 聖杯四 | 物質濫用諮商師 |
| 聖杯五 | 教師 |
| 聖杯六 | 攝影顧問 |
| 聖杯七 | 藝術家、演員、小說家 |
| 聖杯八 | 戶外活動的嚮導 |
| 聖杯九 | 品酒師、市場研究員 |
| 聖杯十 | 專注於你目前的家人和家庭生活 |

| | |
|---|---|
| 聖杯侍從 | 學者 |
| 聖杯騎士 | 辦公室經理 |
| 聖杯皇后 | 配偶、父母 |
| 聖杯國王 | 醫生、護士、治療師 |

**聖杯王牌**
任何你想要做的事

| | |
|---|---|
| 寶劍二 | 法庭辯護律師 |
| 寶劍三 | 人際關係或哀傷諮商師 |
| 寶劍四 | 在海灘、山區或其他度假勝地的工作者 |
| 寶劍五 | 保險經紀人 |
| 寶劍六 | 航海者、旅遊業者 |
| 寶劍七 | 馬戲團工作人員 |
| 寶劍八 | 監獄的守衛或工作人員 |

| | |
|---|---|
| 寶劍九 | 治療師、精神病醫生 |
| 寶劍十 | 生命線工作人員 |
| 寶劍侍從 | 情報員 |
| 寶劍騎士 | 軍方人事部門 |
| 寶劍皇后 | 中階主管 |
| 寶劍國王 | 高階主管 |

**寶劍王牌**
倫理道德的導師或諮商人員

| | |
|---|---|
| 錢幣二 | 雜耍表演者、藝人 |
| 錢幣三 | 建造業相關人員 |
| 錢幣四 | 銀行業 |
| 錢幣五 | 與緊急救援相關的行業、醫院工作人員、醫療用品業從事人員 |
| 錢幣六 | 非營利基金會的發起人 |
| 錢幣七 | 農夫 |
| 錢幣八 | 技藝師傅 |
| 錢幣九 | 發明家或理財顧問 |
| 錢幣十 | 房地產經紀人或投資者 |

| | |
|---|---|
| 錢幣侍從 | 特殊教育工作者 |
| 錢幣騎士 | 在公用事業單位工作 |
| 錢幣皇后 | 婚前或婚姻律師 |
| 錢幣國王 | 把你目前的工作做得更好 |

**錢幣王牌**
自行創業

# 力量金字塔：工作的選擇

你或許正在考量幾個不同的職業生涯或人生的抉擇，不確定哪一個對自己和未來才是最好的。這個力量金字塔能夠幫助你找出個人的力量所在，釐清最適合你的選擇。在擺出金字塔牌陣之前，先花點時間思考一下你有哪些選擇。雖然是老生常談，但職業成功之鑰還是在找出自己在行又樂在其中的領域，踏出正確的第一步，後續的發展就會簡單許多。

## 問題：我必須專心致力於什麼？

### 解牌實例：個案研究

莎拉在一年多前失業，為了生活，她開始從事照顧、清潔寵物的工作，並利用機會學會金屬焊接，販賣她的金屬加工作品。但是後者的收入有限，所以她對花那麼多時間在那方面感到內疚。

### 牌陣

在心裡想像著你把問題融入塔羅牌，然後依你喜歡的方式洗牌、切牌，接著抽出最上方的六張牌，第一張放在最頂端，然後排成一個金字塔形。

### 總結

在這個占卜的結果中，真正的力量是出自於金字塔最頂端直接回答問題的那張牌，金字塔中其他的牌則解釋如何讓這個選擇成真。呈現逆位的牌應該被視為警訊，指出必須先行處理的危險地帶。很顯然的，莎拉的金屬藝品生意在各方面都還有很多事要做。還好這算是剛開始的新嘗試，這些牌所代表的能量還沒有開始展露出來，緩和了嚴重的程度。這也是為什麼它們全都以逆位出現的另一個原因。

### 身：如何調整我的身體，為塔尖的重心全力以赴？

**錢幣九（逆位）**　錢幣九的建議是在物質層面（相對於精神層面）做出明智抉擇，可能只是吃正確的食物、規律運動或定期儲蓄等。莎拉的任務是找出實際的方法，讓金屬藝品的工作成為生活的一部分。

塔尖：我最重要的重心是什麼？

0 愚人　以莎拉的狀況而言，最像愚人看都不看、一腳踩空在懸崖上的選擇，就是把重心擺在金屬藝品的工作上。愚人告訴我們要抓住機會、奮力一搏，莎拉找到自己的夢想，應該試著追尋它。

即時概念

- 在六張牌裡出現了兩張大阿爾克納，顯示這是個重大的人生抉擇，尤其其中一張還居於金字塔的頂端。
- 其中有三張牌屬於錢幣花色，暗示這個決定是關於世俗的、物質的和／或財務的考量。
- 六張牌中有五張是逆位，特別凸顯能量嚴重受阻，莎拉必須設法解決。

家庭：我身邊所愛的人

4 皇帝（逆位）　逆位的皇帝象徵一個受到阻礙的當權者；莎拉必須體認自己獨立於家庭、朋友之外的部分，掌握人生完全的自主權。

財務：我周遭的實際問題

錢幣騎士（逆位）　其他的騎士總是在闖禍，但是這位騎士卻十分小心，總能三思而後行。由於錢幣花色代表的是金錢、家庭和任何有形的事物，莎拉在這些領域必須特別小心。

心：如何調整我的心理，為塔尖的重心全力以赴？

錢幣六（逆位）　由於錢幣六呈現逆位，這顯示莎拉是處於接受他人幫助的位置上，在這裡也就是金屬加工的課程。這個現象終究會獲得平衡，也就是莎拉也將能幫助別人，或許是分享她的新技術。

靈：如何調整我的靈魂，為塔尖的重心全力以赴？

權杖四（逆位）　逆位的權杖四代表著莎拉在精神領域的能量變化，她在藝術創作中感受的靈感是精神上的高潮。這張牌的訊息是，當她花越多時間在創作上，越能發現它變成一種祈禱或是與神性的橋梁。

# 力量金字塔：投資

力量金字塔的另一個用途，便是在購屋或其他大筆投資之前協助你做出決定。一開始先列出一張清單，標明你必須考量的每一個條件，然後參照以下我的例子，建立一個屬於你自己的金字塔。

### 問題：這個房子適合我嗎？

**解牌實例：個案研究**

這是我在五年前決定是否要買房子時所進行的占卜，現在我能藉此回溯，看看它到底有多準！

**屋頂**

**聖杯四**　屋頂的木板是用釘槍釘上去的，有點殺雞用牛刀的意味；也算是一個「過剩」的例子。

**浴室**

**3　女皇**　兩個大浴室對單身的我來說的確稱得上很「富足」，結果卻是大量的漏水！

**窗戶**

**錢幣三**　由於全部窗戶都是雙層玻璃，的確幫我省下不少的電費！

**牆壁**

**21　世界**　整個房子牆壁的粉刷都非常一致。

**水**

**13　死神**　水井一開始的檢查就不及格，結果去年底就完全不供水了，這應該就是這張牌所代表的意義。

**暖氣**

**聖杯七**　這張正面的牌頗符合事實，暖氣系統非常可靠。

**鄰居**

**權杖六**　這張牌在這方面代表好消息，我有兩家和藹可親的鄰居。

**地基**

**錢幣王牌**　就地基而言，錢幣王牌這張牌似乎是個很不錯的預兆。

**土地**

**權杖九**　兩英畝的草坪和林地真是個磨練，這張牌鼓勵我要堅持下去。

### 詢價

**權杖國王**　這個人物代表正直。房子的詢價很合理，我很滿意。

### 天窗

**錢幣九**　九號牌屬於奢華的等級，我的天窗一直就是個享受。

### 家具設備

**錢幣國王**　房子附帶的設備只有烤箱和洗碗機，所以我必須節省一點好添購其他設備。

### 天花板

**17　星星**　天花板很不錯，儘管如此我還是想把它畫成夜空的樣子。

### 地板

**權杖八**　這張八號牌代表有事情即將發生。拜漏水之賜，浴室的地板很快就壞掉了。

### 門

**錢幣五**　這張牌提示可能有不夠安全的疑慮。經過喇叭鎖壞掉、門戶搖搖欲墜的五年，我終於了解這個警告太輕微了。

### 空調

**1　魔術師**　這裡的空調系統運作得很好，也很省電。

### 配電

**寶劍七**　到目前為止，供電都沒有出過什麼問題，所以我還不清楚這張牌警告的是什麼。

### 電話

**聖杯九**　就如這張牌所顯示的，線路稍微有點雜音，但已經夠好了！

### 車道

**錢幣騎士**　這張牌警告我要小心，但很幸運的，有位朋友幫我鋪設排水管，這原是個困難的工作。

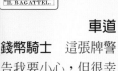

### 水管系統

**20　審判**　審判是很精神性的，實在很難和破敗的貯水槽聯想在一起，我只單純的把它當成是好預兆。

### 房屋仲介商

**寶劍二**　我把這個解釋為我的房屋仲介商是很公正的。

# 需要／想要／得到：生活模式的選擇

每一個人想要的東西有這麼多，而且在許多時候，的確能夠得到它們。但是，這些是我們真正需要的嗎？以下的需要／想要／得到牌陣幫助你釐清真正的「需要」和「想要」之間的差別，也促使你對最後獲得的東西感到滿足。擁有實際需要的東西才是「富足」的真實定義，得到你以為你想要的東西不一定能產生滿足感。

　　你要有心理準備，「實現」是需要時間的。即使你已經獲得你「需要」的東西，還是得再花上一段時間，才能完全體認到你的「想要」如何才能同時得到滿足。試著接受何謂成功、富足的新定義，用嶄新的、更廣闊的思維體認如何「得到它」。

## 問題：我到底需要／想要／得到什麼？

### 解牌實例：個案研究

傑森希望塔羅牌引導他如何布置他的臥室，好讓臥室氣氛變得寧靜舒適。你可以每天都創造出屬於你自己的需要／想要／得到牌陣，以釐清生活中各方面的欲望和實際的需求。

### 牌陣

抽出三張牌，分別代表你所需要的、想要的以及得到的東西。

**需要**

**權杖王牌（逆位）**　這張牌告訴我們，傑森必須讓他的房間少點陽剛，多點柔和。它的色調可能很暗，充滿木製品和書籍。他需要讓房間柔和一點，感覺會比較平和。

**想要**

**錢幣七**　傑森心裡想要做的只是改變幾個細節，然後事情就算完成了。但是真正要達成他的需要，必須一項一項慢慢改變，花時間才能看到成效。

**得到**

**8　正義**　正義這張牌代表責任，暗示傑森可能會臨陣脫逃。只是幾個小小的改變無法得到顯著的效果，如果他真的想要創造寧靜的睡眠環境，就必須進行比較大的改變。

**實現你的需要**

針對你生活中某個特定領域進行需要／想要／得到占卜，然後在
「需要」和「想要」之間達成一些共識。當你解決了這個問題，能
夠接受你的「需要」如何能滿足你的「想要」之後，下一步便是
詢問塔羅牌，怎麼得到你所需要的。找出能夠描述你的需要的
牌，作為起始點或代表牌，放在占卜空間的上方，拿剩下的牌洗
牌後，為以下每一個問題抽一張牌作為解答：

牌一　為實現我的需要，今天我能做些什麼？
牌二　在哪裡我能得到我需要的？
牌三　當我的需要正在實現時，我要如何充滿信心？
牌四　如何才能獲得我所需要的？
牌五　一旦得到了，我該如何保有？

照著塔羅牌給你的答案去做，開始進行實現需要的過程，即使出現錢幣七
（耐心）或星星（你已經擁有一切你所需要的），也不用太訝異。

## 問題：在我的人際關係中，我需要／想要／得到什麼？

你可以利用以下十二種不同的變化，來了解自己的人際關係狀態。

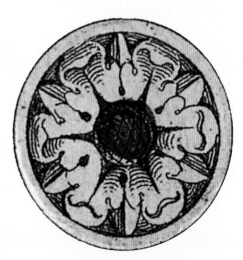

牌一　你所需要的
牌二　對方所需要的
牌三　這段關係所需要的
牌四　你所想要的
牌五　對方所想要的
牌六　這段關係所想要的
牌七　你「真正」想要的
牌八　對方「真正」想要的
牌九　這段關係「真正」想要的
牌十　你得到的
牌十一　對方得到的
牌十二　這段關係得到的

# 打開心房迎向愛

如果你在二月十四日情人節當天，發現自己竟然還是孤家寡人，那麼就很適合玩玩以下這個占卜！我以維琪為例說明。

## 問題：我如何讓愛在生命中顯現？

### 解牌實例：個案研究

在實現欲望時，我們必須小心的在「特定的」或「開放的」之間求取平衡。當我們找到真正想要的愛與滿足時，「真命天子」、「靈魂伴侶」、「最佳拍檔」等字眼就會派上用場。

### 牌陣

在心裡想像把問題「放進」塔羅牌裡，然後依你偏愛的方式洗牌、切牌。把牌擺成一個心形，從最底端開始，先沿一邊往上排，再換另一邊，最後才排中心位置。心形的兩邊代表兩條你能藉之學習如何接受愛的道路。你可以選擇雙管齊下，也可以任擇其一。

牌陣位置：6 5 7 13 12 4 14 11 3 9 10 2 8 1

### 即時概念

- 在占卜的結果中，位置六出現了六號牌，凸顯行動與改變的重要性。
- 聖杯王牌、聖杯二（新的關係與愛）以及戀人都出現在心形的左半邊，所以對維琪來說，遵循這幾個階段的自然節奏似乎是較好、較明顯的選擇。

### 階段五

寶劍六　進入這段關係之後，維琪可能會出外旅行或搬家，她必須先有心理準備。

### 階段四

聖杯二　這張牌暗示維琪將會做出正確選擇，進入一段認真而長久的關係。

### 階段三

寶劍二　在她通往愛的第三階段，維琪將面臨困難的抉擇。她可能必須在兩個適當的人選中擇一。

### 階段二

聖杯王牌　維琪一旦開始探索，很快就會遇到新的人、交到新的朋友。

### 總結

維琪抽出的這十四張牌，只是她在這方面的一個開端。從一套技巧（精通技藝：錢幣八）開始，她必須使用這些技巧一步一步走向愛。最後一張牌象徵主權，表示當她變成成熟的戀人時就會伸張這項人生而皆有的權利。

## 與對方配合的能力

**權杖騎士**　維琪必須像騎士一樣，知道當受夠了的時候就該適可而止、勇於離開。

## 溝通能力

**聖杯四**　這張牌代表過度，建議維琪如果這段關係變得讓她承受不起，她必須把問題提出來和對方討論，爲自己表達立場。

## 富於耐心與同理心的傾聽

**10　命運之輪**　只要學會傾聽，維琪就能創造生命中的愛與幸運。

## 階段六

**戀人**　這張牌顯示你面臨一項抉擇，你想要的是愛或只是情欲？

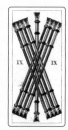

## 真正的愛自己

**權杖九**　維琪必須對所追求的堅持不懈。尋找眞愛、敞開心房迎向愛的可能性，都需要反覆練習。

## 被顯現的愛

**權杖二**　遵循這兩條或其中一條心的道路，維琪將能掌握自己愛的能力。

## 滋養自己的能力

**聖杯六**　這張牌象徵童年時光的懷舊之情，它告訴維琪要回到從前，滋養她的內在小孩。

## 階段一　在通往愛的路上

**權杖三**　維琪想要對愛變得有接受性，必須通過的第一個階段便是「探索」。她應該離開原地，開始出發尋找。

## 傾聽自己的能力

**權杖皇后**　這張代表朋友的牌指示維琪應該把自己當做最好的朋友，信任並傾聽自己的聲音。如果她能成爲自己最好的朋友，朋友也會自動找上門來。

## 現在的我

**錢幣八**　這張牌在關於關係的占卜中出現頻率之高，非常不可思議。它代表對技藝的精通，通常是指個人在職業上的優異表現；而當問題是和愛或關係有關時，它就指向控制力的問題。愛是滿懷愛心的相互配合、是施與受，維琪必須處理自己在關係中支配或被支配的欲望。

# 實現內心的國王與皇后

這個占卜法能幫助你避免一再選擇不恰當的伴侶,爲你開啓另一扇窗,通往滋養而滿足的浪漫關係。同時,它也有助於強化現有的關係。在傍晚時分進行這個占卜,能獲得最佳的結果。

## 牌陣

先從塔羅牌裡把聖杯國王、皇后和二號牌挑出來,找兩個相配的香檳杯或精緻的玻璃酒杯、一個大一點的碗或杯子;在一對燭台上分別放上一根綠色蠟燭(代表心輪)。把聖杯二放在你的桌子或聖壇的中央,大碗或杯子則擺在它的後方,碗內是空的。一邊放聖杯國王,另一邊放聖杯皇后,這兩張牌的後面則各擺上一整杯的水和一根綠色蠟燭。

## 顯現儀式

創造一個受到保護的神聖空間,點燃這兩根蠟燭,請求你的更高力量給予協助。大聲誦念以下的句子(你可以用皇后或其他你覺得更合適的角色取代國王):

神啊,請為我帶來屬於我的愛
帶給我,我心的國王
帶給我,我的真命天子
他,那為我而存在的個體

神啊,將我的愛帶給他
帶領他尋找內心的皇后
帶領他找到此生的真命天女
我,為了他而存在

神啊,請讓我們相遇
讓真正的伴侶相知相惜
讓我們認出彼此
達到最高的真理與愛
神啊,請讓我們相遇

- 從每個玻璃杯倒一些水到中間的空碗裡，然後把它們移靠近碗一點。這麼做代表著你正在拉近國王和皇后的距離。
- 讓蠟燭燃燒一陣子，直到你感覺寧靜與能量的流動。然後把蠟燭熄滅，留待下一個傍晚時可以使用。
- 把你的想法、感覺和心得記錄下來：你是否捕捉到某個人清晰的影像？或者感覺到他或她的個人特質？
- 你可以從新月到滿月，每個晚上都進行這個顯現儀式，藉此增加彼此間的吸引力。或者從滿月一直做到下一次的滿月，那便能先掃除障礙，然後增進吸引力。如果你能多次進行而非一次就讓蠟燭燒完，效果會比較好。事先應該先規畫一下，免得錯過任何一個晚上，使得效果打折扣。

REG. DI COPPE

RE DI COPPE

# 心靈伴侶的顯現儀式

當你心中的欲望是如此強烈，禁不住想宣告全世界時，使用下面這個顯現儀式，讓你的心靈伴侶朝著你的方向而來吧。

### 心理準備

在心中回答下列問題，當你進行顯現儀式時，心裡要持續想著它們的答案所帶來的知識。

**牌一**　我必須做些什麼，才能讓我的心靈伴侶走向我？
**牌二**　請為我描述我的心靈伴侶，好讓我能認出他或她。
**牌三**　關於我的心靈伴侶，我必須了解什麼？
**牌四**　我的心靈伴侶從我身上最需要得到的是什麼？
**牌五**　是什麼阻礙了我的心靈伴侶走向我？
**牌六**　我該如何做好準備才能邂逅我的心靈伴侶？

### 顯現儀式

在儀式進行中，你會需要一張牌來描述你心目中最渴望的伴侶的特質。這張牌可以是心理準備時挑選的牌之一，也可以是別的牌。把牌選好，再準備一根紅色蠟燭和一些薰香油。

- 在乾淨的桌面或聖壇上，把選好的牌立起來，好讓你在準備蠟燭時能夠很舒適的看見它。
- 深呼吸，輕柔的誦念：

我的靈魂伴侶
我的人生伴侶
我的心靈伴侶
我的愛情伴侶
我的性愛伴侶
走向我，走向我，走向我

- 用食指指尖輕輕的將薰香油塗滿整根蠟燭。
- 把蠟燭放上安全燭台，然後點燃。
- 凝視燭光，繼續不停的念誦。感覺燭火的熱把你心中的渴望向上送入天堂，那夢想成真與至樂的所在。
- 讓燭火燃燒直到燒盡，記錄你的想法、感覺和心得。你是否隱約感覺到你的伴侶會在何時出現？如何出現？儀式之後如果很快就結交到新朋友，或和舊交迸出愛的火花，你也不需要太驚訝！

**權杖國王**　熾烈、熱情、開放而誠實

**世界**　世界就在她的指間，她在世界之巔

# 問題：誰是你的理想伴侶？

**聖杯國王**　也被認
為是愛的國王

**權杖皇后**　值得敬
重的對象、真正的
朋友

**聖杯皇后**　完美的
妻子與母親、我心
之皇后

**權杖王牌**　非常性
感的愛人

**錢幣國王**　可靠的
供應者

**戀人**　天使賜予的
愛人

**錢幣八**　交易高手

**寶劍騎士**　大膽瀟
灑型男

# 當你受夠了的時候

在人際關係的占卜中出現死神，並不代表有人會死掉，而是表示這段關係將要結束。唯有非常強壯、深刻而長久的關係才能平安度過低潮與懷疑。假如你對某段關係懷有不確定感，不管是愛情或其他方面、一對一或團體中的人際關係，都可以試試以下九張牌人際關係占卜法。

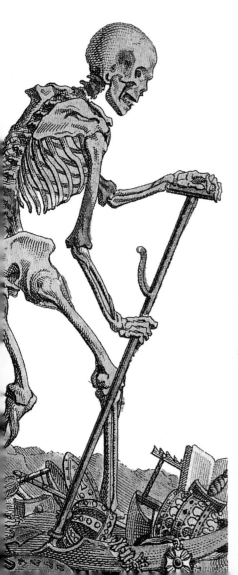

### 放下

當你在解讀占卜中出現的塔羅牌時，你可能會發現自己對這段關係有不切實際的期望，你和對方之間的差異也不可能弭平。要下定決心結束一段關係是非常困難的，我們總想要重新找回剛開始時的喜悅、美妙與熱情，可能也會認為很難再找到適合的、能夠溝通相處的對象，更別說能為自己重新注入熱情與生命力的人選。重新開始能帶來莫大的力量，但必須了解並接受這是個有生命的過程，會不停變化。不要覺得失落了什麼，經驗和對自己的了解會不斷增長，並跟隨著你走向未來。

　　另一方面，這個占卜也能幫助你重新評估、改變你對關係的期待，讓你更實際的去看待它，更有能力為自己創造快樂，而不只是依賴對方為你帶來快樂。

### 大畫面

像這個九張牌這麼大的牌陣，會花你很多的時間和精力；你可能會只想看看代表結果和提出建議的牌，然後就簡單的照著建議去做。這其實是貶低塔羅牌的價值，也失去了它能為你做很多事的機會。配合整個占卜的來龍去脈，才能更有效的了解塔羅牌提出的結果和建議。

　　練習時最好能先把抽出的牌蓋好，再逐一翻開，給自己充裕的時間仔細思量每張牌的意義；最後再回頭研究花色、數字、象徵符號甚至顏色的含意。尋找整個占卜結果裡是否帶有特殊的模式，像是一串連續的數字等，收集關於你和問題的任何蛛絲馬跡。

　　你也可以再進行別的占卜，來探討未來有哪些選項可以幫助你增進你與他人的關係。

#### 牌陣

發九張牌，排成三乘三的方陣。

## 問題：這段關係氣數已盡嗎？

| | | |
|---|---|---|
| **1** | **2** | **3** |

你對對方的期待

你對這段關係的期待
你所想要逃避的

你為何失望
事情是哪裡不對勁？

| | | |
|---|---|---|
| **4** | **5** | **6** |

對方對你的期待

對方對這段關係的
期待　他或她想要
逃避的

對方為何失望
事情出問題的地方

| | | |
|---|---|---|
| **7** | **8** | **9** |

可能的結果　如果一切
維持現狀繼續下去，這
段關係可能的發展。

有誰或什麼事情有
助於這段關係？

如果接受幫助
事情可能的結果

# 第五章
# 善用心靈的力量

有幾個分類系統可以用來描述心理、智力以及它們個別的不同狀態，例如意識、無意識、潛意識或夢境等。在印度古代的吠陀文獻中，心智是微妙身的一部分，而微妙身則是靈魂的第一層。靈魂是由永恆、知識與至福所構成，在物質世界中，靈魂同時以微妙身和肉身的方式呈現。微妙身的組成包括心智、智能與自我，也隨著時間演變出許多不同的名稱，像是星光體、氣場、生物能量場等。肉身則包括了血液、內臟、骨骼等。靈魂寄居於一個身體裡，在物質世界中旅行，死亡不過是轉換到另一個新的肉體裡。根據複雜難解的因果業力定律，現在你是人類，下一回可能轉世成動物，有時候也可能是植物或微生物。肉身是會改變的，微妙身則在靈魂中攜帶各個前世的記憶和訊息。

## 超越肉身的層面

在正常的意識狀態下，肉身的大腦無法進入微妙身深處久遠的記憶庫。當然，偶爾還是會有「外洩」的例外，例如像莫札特或其他的天才在還是小孩子的時候，就能表現出別人需要花上一輩子才能累積的知識或技術。在意識狀態被改變的情況下，這些前世的記憶和靈魂的真相有可能被揭開。有人利用化學物質來改變意識狀態，而且的確能穿透物質的面紗而有所了悟。但是，化學物質也是物質，能夠讓你我深入微妙身的程度十分有限，只要人體的肝臟或腎臟把這些化學物質代謝掉，被改變的意識狀態就無法再持續下去，這算什麼「精神性」呢？在現代，則建議以持咒或唱誦聖名的方式進入你不朽的精神實體，因此許多宗教的傳統裡都有包括這樣的修行練習，這是所有靜心法門的基礎。把心和耳專注在超脫的聲音上，能讓意識和理智越過肉身及物質的界線，進入精神實體的領域。

## 塔羅牌的力量

在使用塔羅牌時，我們集中心思在牌圖和
象徵符號上面。每張牌的本質形成原
型，透過認知這些原型，塔羅牌就像
一把把鑰匙，打開我們的智慧之門。
在本章和下一章中，我們會介紹比之
前的章節更精妙的塔羅牌占卜法，開
始檢視你的心靈力量。

　　塔羅牌有個重大的奧祕就是它除了用
來算命之外，還有非常多的用途。它可以是
自我幫助的神奇工具，而且威力強大。我們
一般人通常只用到大腦的一小部分功能，至
於心靈的力量到底有多強大實在無法估計。
讓我們開始吧，但前提是先假設心靈具有
無窮的力量，而且運用這個力量可以讓你
達成任何事、任何一個你在心裡設定的目
標。其實，那是個蠻嚇人的觀念，假設
你能得到任何你想要的東西，那會是什
麼樣子？

　　何不下定決心試試看？

# 揭開你的內在本質

我們每個人都習慣用個人的工作、結交的人物、居住的地方、喜歡的顏色或是別人的認可來認同自己。這些短暫而表面的事物，為我們的生活分級、貼上標籤，或讓我們受到同儕的賞識。然而我們的內在其實會不斷的改變、成長，和所有的這些距離非常遙遠。運用塔羅牌可使自己能更容易意識到內在的生命。

當你敞開心胸面對世界的各種可能性，你所接觸的每件事物都會變成無價的智慧、等待學習的功課、體悟到的真理以及神賜的禮物。你可以利用塔羅牌幫助自己認清什麼是今日天賜的禮物。讓你的心平靜澄澈下來，敞開心胸去接受，準備接下這項禮物。

一邊洗牌，一邊提出以下其中一個問題：

- 我今天的功課是什麼？
- 上天賜予什麼樣的禮物是我必須收下為己用的？
- 我能學到什麼樣的智慧？
- 今天誰是我的老師？
- 我為何會陷入這個處境？
- 我是如何走到這一步的？

## 問題：我今天的功課是什麼？

### 解牌實例：個案研究

學習每張牌代表的課題，以下是我個人從二十二張大阿爾克納學會的課題，希望能幫助你順利上手。

### 牌陣

抽一張牌，思考它在你提出的問題中有何意義。

**4 皇帝**
讓我懂得我的陽剛面的價值

**5 祭司**
教我體認我對外在道德良心的依賴

**10 命運之輪**
教我要不斷嘗試

**11 力量**
讓我體認我在許多方面充滿力量

**16 高塔**
教我永懷希望

**17 星星**
教我要相信自己

0　愚人

教我如何跳脫古板的模式重新開始

1　魔術師

教導我工具的價值與用途

2　女祭司

教我玄祕之美

3　女皇

讓我了解我的女性和母性面的價值

6　戀人

讓我了解我永遠有選擇

7　戰車

教我如何自律

8　正義

教我分辨善惡

9　隱士

讓我認識隱居的力量

12　吊人

教我認識重擔與艱難帶來的喜悅

13　死神

讓我體悟到沒有任何有形的事物能永遠不變

14　節制

教我保持平衡的重要性

15　惡魔

教我了解到，我不過是人類

18　月亮

讓我了解我的陰暗面也是我的一部分

19　太陽

教我看事情簡單、赤裸的真實面

20　審判

教導我總有第二次機會

21　世界

教我努力達成完整

# 脈輪

正確的認識七個脈輪（或身體的能量中心），能夠增進對自己的了解，也能多加了悟生命中正在進行的狀態。

以下是我使用的速記系統，提供你簡短的概要：

**第七輪　頂輪**

白色——頭頂；關於神性與無限、靈性的使命、生命的目的等問題

**第六輪　第三眼輪**

紫色——眼、頭、腦、心智；直覺、才智、想像力

**第五輪　喉輪**

藍色——喉嚨、口、聲音；演說、溝通、創造性的表達

**第四輪　心輪**

綠色／粉紅色——心臟、肺臟；感情、愛的關係

**第三輪　太陽輪**

黃色——胃、消化；意志、身分、自尊

**第二輪　臍輪**

橙色——生殖器官、下背；性欲、創造力

**第一輪　海底輪**

紅色／黑色——排泄器官、腿、骨頭；你存在的基礎、肉體與經濟層面的生存、生命的定位或處境

## 牌陣

發十四張牌，由下往上排成七對，分別代表七個脈輪（從第一輪開始）。

第七輪

第六輪

第五輪

第四輪

第三輪

第二輪

第一輪

# 問題：整體而言，我要如何改善我的人生？

## 解牌實例：個案研究
理查深受背痛所苦，最近也丟了工作。參考左頁擺牌陣的方法。

你的脈輪現況　　　　　塔羅牌的建議

第一輪

### 權杖四（逆位）

這張上下顛倒的四號牌表示，現在還不是慶祝自由的時候！理智上理查感到可以自由追逐夢想，但其實內心裡卻很恐懼、憂慮，因此出現逆位牌。

### 錢幣三（逆位）

這裡的建議似乎是不要繼續相同的工作，試試不同的路線。理查必須逆轉他對工作、勞動和金錢的觀念。

第二輪

### 聖杯國王

這張牌是個很好的確認，理查的確是個深情又善解人意的男人。

### 錢幣七

其實他已具備建立健康、深情關係的所有條件，所以這張牌建議，他唯一必須做的就是保持耐心。

### 即時概念

- 占卜結果中大部分的牌（見150-151頁）是小阿爾克納，表示理查目前的脈輪能量是正常的，而不是面臨生命的重大改變狀態。
- 包括皇帝（在第四輪的位置）在內，共有四張四號牌，顯示著能量的平衡。
- 十四張牌中有八張是逆位，代表的意義是疼痛可能是因為能量受到阻礙。
- 和第一輪一樣，第三輪的兩張牌都是逆位，似乎顯示他的下背疼痛是因為太陽輪和海底輪的能量受阻所致，而不是臍輪本身。

|你的脈輪現況|塔羅牌的建議|
|---|---|

### 第三輪

**寶劍國王（逆位）**
這張牌顯示，理查在關於意志力和自我認同方面，目前正因為理智或倫理的問題而掙扎。

**21 世界（逆位）**
他必須暫停把事情徹底解決的想法，因為這裡顯示徹底的整合可能會延遲到來，或正在削減力道。當然，如果他能夠扭轉情勢，未來仍然很有改觀的希望。

### 第四輪

**4 皇帝**
理查是自己內心的皇帝，他目前沒有談戀愛但心中卻充滿憧憬，他和兄弟姐妹、父母的關係也有點疏遠。形象堅硬、權威的皇帝牌多少透露出造成這些現象的原因。

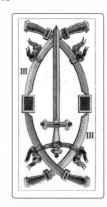

**寶劍三（逆位）**
這張牌告訴理查要放下心中的悲傷，不要對內心和情感中的痛苦如此敏感（寶劍三的驅逐儀式，見154頁）。

### 第五輪

**錢幣四（逆位）**
喉輪的能量部分和貪婪、占有欲有關。這個位置出現逆位牌，可能代表溝通受到曲解，或表達陷入困境。

**7 戰車**
戰車的教誨是自我控制，出現在喉輪的位置可以很實際的解釋為，話說出口之前必須三思而後言。

## 你的脈輪現況　　　　　塔羅牌的建議

### 第六輪

#### 5 祭司（逆位）

理查對於別人對他的觀感，在心理認知上是有問題的，或者有一些障礙。他可能會以為他會丟掉工作，是別人想要給他一些警告。

#### 寶劍四

這裡的建議是：休息一下！給自己一段休養生息的時間，能給理查帶來嶄新的觀點，說不定背就不痛了。

### 第七輪

#### 錢幣八

這張八號牌象徵著技術的精通或情勢的掌握，正是理查的頂輪顯現的能量狀態。

#### 錢幣騎士（逆位）

這張牌的建議似乎是，少一點步步為營，不妨再匆促一點。理查的精神生活可能過於謹慎，對於自己在精神道路上的體悟必須多建立一點信心。

#### 總結

在這裡，錢幣和寶劍占了大多數，一點都不令人意外。理查有財務問題，正靠著自己的聰明才智來解決。但整體看來運勢不錯，因為出現了四張四號牌，而且心輪位置的牌也很正面。他的下背痛有可能是其他地方的緊繃造成的，應該請專業人士檢查。

# 正面的
# 自我宣告

你必須具備正面的態度才能在生活的藝術與科學中勝出。把注意力擺在負面的問題上只會增強它們的力量而反過來支配你的生活。

正面的自我宣告，可以簡單如「今天我將會過得很快樂」，也可以複雜到關於工作計畫的各項細節。有許多塔羅牌都秉持這樣的觀念。莎莉・希爾為偉特塔羅牌添上七十八個正面的自我宣告，稱之為「塔羅牌宣告」；我也曾使用左拿法舶的女神之禮塔羅牌的肯定來回答我每天的問題：「我今天需要什麼肯定？」我發現用它來消化人生的課題、改善心理態度非常有效。另外還有一些不算是用來自我宣告的塔羅牌，包括露易斯・賀的「我辦得到」牌和「力量思考」牌、戴爾的「內在寧靜」牌，以及Sonia Cafe出版商的「天使靜心」牌，這些都很適合用來打破壞習慣、增強或改善心理的力量，還有創造能夠維持下去的改變。

### 自我宣告練習

- 一次只取一種花色，寫下每張牌的自我宣告（宮廷牌在定義上已具備自我宣告的正面意義，見84-99頁）。
- 重新擬出大阿爾克納每張牌的自我宣告，以便更適合你的生活、人生道路及世界觀。
- 對塔羅牌提出的問題要明確具體，例如問「今天我需要什麼肯定，才能有助於我的工作？／有助於我的治療？／有助於我做下明智的選擇？／有助於我處理及克服問題？」

## 問題：我今天需要的自我宣告（肯定）是什麼？

### 牌陣

這裡只用大阿爾克納，連續一個月每天抽一張牌，詢問以下的問題。把牌放在你確定一整天都能看到的地方。

**4 皇帝**
我是自己人生的最佳支配者

**5 祭司**
我向其他文化及傳統學習

**10 命運之輪**
不管好運、壞運，都是成長的禮物

**11 力量**
我夠強壯，足以與人達成妥協

**16 高塔**
我以幽默感度過突然的打擊

**17 星星**
我是神的一小部分；我愛神，也感謝神的愛

**0 愚人**
我不害怕重新開始

**1 魔術師**
我有能力實現欲望

**2 女祭司**
我能看清什麼才是最重
要、最有用的知識

**3 女皇**
今天我要好好滋養自己

**6 戀人**
我存在的每個層面都充
滿愛

**7 戰車**
我的自制力很強

**8 正義**
我不需要忍耐別人不良
的行為

**9 隱士**
我是有智慧的

**12 吊人**
今日的犧牲將會是明日
的回饋

**13 死神**
我允許自己完成某個階
段並結束它

**14 節制**
感到失衡時，會讓自己
停下來，重新找回平衡

**15 惡魔**
我懂得換個角度想、抵
抗誘惑

**18 月亮**
我和地球及月亮的節奏
十分調和

**19 太陽**
日光讓天空充滿愛，我
每一次呼吸，都吸入愛

**20 審判**
今天我會盡量做到最好

**21 世界**
從頭頂到腳底，我是個
完整而完全的人

# 如何使用寶劍牌
# 做正面的自我宣告

用塔羅牌來做自我宣告的另外一個方法，就是先決定你要什麼，然後凝視塔羅牌，默默在心中肯定那張牌的特性與能量。以下是使用寶劍牌的四個例子。

## 宣告心痛的結束：寶劍三的驅逐儀式

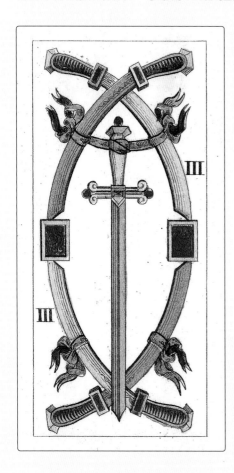

正視你的心痛和原因，以及為何你會如此痛苦，就讓這張牌為你解說一切。

- 在你克服心痛的這幾個小時裡，隨身攜帶這張牌，直到你覺得準備好完全放下為止。
- 當你覺得已經準備好了，在金屬製的鍋子、壁爐或戶外注意得到的地方，生起一小堆火。
- 把任何會讓你和心痛聯想在一起的東西都燒掉，注意看它們消失並逐漸化為灰燼。
- 勇敢的拿出寶劍三，放入火中，大聲的宣告：

我要處理心痛、悲傷和感情的痛苦；
在此釋放它、讓它去吧！
我不再需要它，
心痛離我而去。

- 感覺你的心痛向上升然後消失不見；珍惜心裡這份輕鬆的感覺，別再去想剛剛才釋放掉的痛苦。
- 如果你不想把牌毀掉，另一個做法是，讓它在煙霧中隨風飄送，直到你覺得你加諸在它上面的所有負面情緒都被淨化為止。

**牌陣**

抽出寶劍三，把它固定在你的衣服上，讓牌圖面貼著你的心。

**牌陣**

把寶劍四放在你很容易看到的地方，利用
它來提醒你集中在目標上。

# 宣告你要重獲新生：寶劍四的顯現儀式

靜下心來找出搾乾你的精力、讓你如此疲憊需要重獲新生
的原因，它會隨著你每一次的呼氣而得到淨化。

- 現在在心中想像精力充沛、健康的自己和人生，想像所
  有你想達成的正面事情（或者某些領域、脈輪或事
  項）。拿出一根彩虹蠟燭（有六個顏色或另外加上白
  色，或者只帶有象徵你的問題的單一色彩）。

- 手持蠟燭，在上面輕輕吹氣，同時抹上芳香油。在心裡
  想像把完整、健康、重獲新生的自己融入蠟燭裡。

- 點燃蠟燭，並小心確保安全；凝視火焰。

- 想像那些正面的心理影像帶著治療的能量，隨著呼吸自
  然的深入你的肺。吸入生命、愛、快樂，體驗那完整的
  感覺。

- 每次吐氣，都感覺到自己更加淨化清明。你的頭腦、你
  的心、你的靈魂、你的精神、你的身體，所有的昏沉、
  負面、傷害、痛苦、疾病和致病原因都一掃而空。

  　　吸入

  　　吐出

- 不斷重複這個讓你平靜下來的呼吸練習，沉浸在火焰和
  你珍貴的呼吸中，感覺負面的東西離你而去，而正面的
  東西正取而代之，直到你呼出的能量和吸入的都是正面
  的為止。

  　　吸入

  　　吐出

- 把牌放在看得見的地方，隨時提醒你想起這個你曾達到
  的平靜且正面的狀態。

## 找回你被偷走的東西：寶劍七的顯現儀式

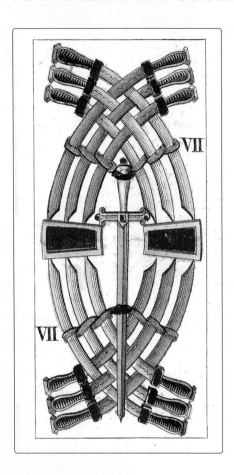

寶劍七的本質是有點負面的，所以在決定召喚它的能量之前，要非常小心、堅定。被偷走的可以是實質的物品，也可以是你的心，或是某個脈輪特有的能量。確定到底是哪個人偷走的非常重要，因為接下來所做的一切都和那個人的能量有關。

- 點燃蠟燭。
- 凝視燭火、深長的呼吸，直到你感到平靜、放鬆。
- 仔細端詳寶劍七這張牌。
- 想像偷你東西的小偷模樣。
- 想像你被偷的東西。
- 用鐐銬把小偷銬起來。
- 拿回屬於你的東西，感覺它就在你手中；擁抱它，為它取個名字，讓它歸屬於你。
- 誦念以下句子：

它是我的，我要它回來；
它是我的，它已經回到我身邊。
我因此而完整。

- 不斷重複，直到你真心相信為止。
- 把牌翻過來，咒語已經完成。
- 讓蠟燭繼續燃燒，直到完全燒盡。

### 牌陣

從一疊牌中抽出寶劍七，放在能很清楚看到的地方。在這個咒語中你需要準備一根黑色的蠟燭，黑色是吸收負面能量並將它釋放到大地的最佳顏色。

從你的塔羅牌裡抽出寶劍九，這個咒語也需
要一朵漂亮的花或其他象徵自由、免除焦慮
的物品，任何代表快樂、無憂無慮的東西都
可以，例如一根明亮的黃色蠟燭。

# 宣告解除焦慮：寶劍九的驅逐儀式

凝視寶劍九，承認你感受到的壓力和焦慮。
- 重複以下的聲明，或自創專屬的語句：

壓力和焦慮擾亂了我的睡眠
我無法好好處理眼前的憂慮
我被自己的問題淹沒了

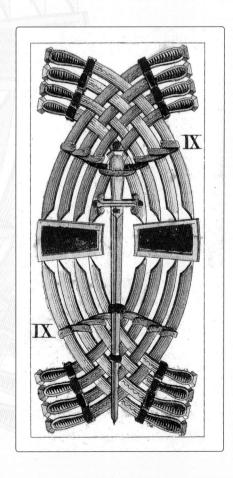

- 一旦你真心「承認」了你的壓力、焦慮，把牌平放在桌
  上，再把象徵免於憂慮的物品壓在牌上面，就能夠克服
  你的憂慮。
- 然後再重複以下的句子，或自創屬於你的聲明：

我能夠熟睡。
我能夠不再擔憂。當我準備好要面對問題時，它們仍舊在
　那裡，
但我的憂慮將適可而止，然後就能放鬆下來。

- 感覺緊張脫離了你的肩膀，讓自己放輕鬆。
- 一整天都把你已經做出的宣告記在心裡。

# 療癒

嚴重的身體不適會令人不知所措，爲了解自
己的病況、致病的原因和治療方法，幾乎成
爲你另一份全職的工作負擔。你可能看過好
多個醫生，甚至整個醫療團隊，像是護士、
物理治療師、營養師等。利用塔羅牌可以幫
助你做個整合，了解自己的病情以及接下來
該怎麼做，就像以下我分享的眞實例子。

　　你的疾病或生命的考量都是你個人特有
的，擺好牌後你可以自行選擇不同的位置意
義來描述，才能更加體認目前的處境。

**權杖騎士**
今天

**1 魔術師**
是什麼在支撐著我？

**寶劍國王**
治癒的障礙

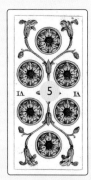

**錢幣六（逆位）**
目前的診斷結果

**17 星星（逆位）**
目前的預後狀況

**16 高塔**
目前的治療

## 問題：在目前的狀況下，最佳的處理方式是什麼？

### 解牌實例：個案研究

貝芙麗今年六十五歲，患有四種癌症，其中三種以外科手術治療，
結腸癌則使用化療，目前病況好轉，但經常覺得虛弱無力、疲倦。
她同時也患有糖尿病和關節炎。

**0 愚人**
你

3 女皇（逆位）
明天

**牌陣**

一邊洗牌，一邊想著你最崇高的優點，
敞開心胸接受宇宙的智慧。你可以用你
覺得最有意義的方式來擺牌陣。以下的
占卜結果可以參見160-163頁的解釋。

錢幣王牌
治癒的助力

錢幣五（逆位）
該放下的

節制（逆位）
該爲之感到光榮的

15 惡魔
改善目前的預後
情形

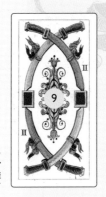

寶劍二
改善目前的治療

錢幣國王
改善溝通

寶劍王牌
你的病況

19 太陽（逆位）
致病因素

聖杯九（逆位）
痊癒

### 位置一　你

**0 愚人**　貝芙麗正進入人生的新階段。愚人可能代表她最近對形而上的另類療法發生興趣，像是塔羅占卜、脈輪、自我宣告和芳香療法、針灸、日本靈氣治療等。

### 位置二　你的病況

**寶劍王牌**　寶劍也可以代表手術刀，所以會有接受外科手術或針頭注射的機會；它也能代表超自然的手術，像是使用水晶、念力。這張牌引發我問起貝芙麗，最近她的醫生有沒有提到什麼新的進展是和愚人有關連的。過了幾天之後，她就發現下背部有新的患部。

### 位置三　致病因素

**19 太陽（逆位）**　我們在發牌時，把貝芙麗癌症的整體情況和結腸癌個別分開考量。很難想像太陽會是導致疾病的因素，但這也可能就是呈現逆位的原因。無疑的，過度的曝曬可能造成致命的嚴重後果，而我們持續暴露在天然的輻射之中，也是目前已知的另一個致癌因子。這些都可能是讓貝芙麗生病的根本原因。

這張牌的另一個解釋是，就像太陽升起一樣，貝芙麗生病的事實不過是這世界自然運作的方式。

### 位置四　痊癒

**聖杯九（逆位）**　聖杯九是一張願望牌，所以它出現在「痊癒」的位置是個很好的預兆，代表貝芙麗的癌症將會痊癒或至少很長一段時間不會復發。不過，這張牌呈現的是逆位，所以表示還有一些事情得做，或是痊癒會延後到來。她必須調整自己的觀念，學習不同程度的知足。

### 位置五　關於目前的診斷結果，我必須知道什麼？

**錢幣六（逆位）**　當這張牌呈現逆位就應該被解讀成別再太慷慨，應該把自己放在第一位。這並非自私，有時你必須這樣做才有能力再度和別人分享豐足與富裕。貝芙麗搞不清楚診斷結果和預後的狀況，而在這裡這兩張牌都呈現逆位，我猜她可能給了醫生模稜兩可的空間，必須更堅定的請他們用她能了解的語言來解釋病情。

位置六　關於目前的預後狀況，我必須知道什麼？

17　星星（逆位）　星星是一張關於靈感的牌，告訴你你的內在具有一切你所需要的東西。當它呈現逆位，代表你的潛力還沒有完全發揮出來。貝芙麗應該還有其他連她自己都還不知道的選擇。這張牌象徵著內在的智慧和對自己的信任。

## 位置七　關於目前的治療，我必須知道什麼？

16　高塔　高塔預測貝芙麗的治療很快就會出現重大的轉折；好消息是高塔總是帶領你到你想去的地方，但是不會是孤軍奮鬥。

## 位置八　我該如何改善目前的預後狀況？

15　惡魔　惡魔這張牌會暴露出無知、欺騙或自欺欺人。貝芙麗在否定某些事情，如果她不願承認情況有多糟或做該做的事，就沒有機會改善日後的病情。

## 位置九　我該如何改善目前的治療狀況？

寶劍二　這個位置出現的寶劍二代表沒有進展，我懷疑貝芙麗應該繼續她先前比較嚴格的治療，尤其是為了改善糖尿病和關節炎的飲食控制和運動。

## 位置十　我該如何增進和醫護人員之間的溝通？

**錢幣國王**　這張牌帶給貝芙麗的訊息是，她若能讚美她的
醫護人員，並對他們說他們很棒，就能增進彼此的溝通。
這些人在他們的工作上非常專業，多一點賞識就能讓他們
打開心房把她當成一個個人來看待，也因此比較能以她的
利益出發爲她考量。

## 位置十一　是什麼在支撐著我？

**1 魔術師**　魔術師顯示貝芙麗善於爲自己施展魔法；她能
以個人的力量和意志力維持自己的健康。她所具備的工具
和興趣也對她的健康有助益，像是她使用的血壓計和樂在
其中的手工藝。

## 位置十二　我治癒的障礙是什麼？

**寶劍國王**　貝芙麗可能太會爲自己的病情找藉口了，以致
於脫離必要的療程或沒有嚴格執行飲食控制和其他處方。
她太過憂心也想得太多。

## 位置十三　什麼有助於我的治癒？

**錢幣王牌**　這張牌指出貝芙麗有些生意上的小興趣具有治
療的力量，像是做洋娃娃、寫故事、畫畫和其他能賺錢的
小小冒險，都能讓她充滿樂趣、感覺有活力。這些對治療
過程都有幫助。

### 位置十四　我必須放下什麼？

**錢幣五（逆位）**　錢幣五通常顯現出真正的身體障礙，你必須試著去適應，因為它並不能被克服。但是當它呈現逆位，則是告訴我們有些已知的障礙或能力的缺失可以被克服。因此，貝芙麗必須放下自己有這種不利條件的想法，或是因為生病致殘的自我認知。

### 位置十五　我必須特別重視什麼？

**14 節制（逆位）**　逆位的節制像是一個驚嘆號，強調著平衡與適可而止的重要。但它也有相反的含意：你必須辨認出生活中的不平衡，以及它們可能帶來的成長和機會。對貝芙麗而言，這張牌的意義究竟為何，她必須用這張牌靜心，自己找出對於她的意義。

### 位置十六　我今天該做些什麼？

**權杖騎士**　這張牌建議脫離日常的例行事務，做些完全不同的事情。憑著你的意願行動，朝向意想不到的方向。

### 位置十七　我明天該做些什麼？

**3 女皇（逆位）**　貝芙麗必須判斷她擁有什麼和沒有什麼，她的富足出現一些問題，必須好好處理，或許是原有的資源不能再依靠了；也可能是年紀越來越大，身體的精力不再。女皇是一張強而有力的「滋養」牌，足以催生新的計畫與想法；但是當它呈現逆位，就代表貝芙麗最好把「滋養」的能量由外轉而向內，照顧自己和自己的醫療狀況，而不要再向外發展，誤把心力放在外界的追求上。

# 第六章
# 釋放你的心靈

**廣**為流傳的偉特塔羅牌的創始人偉特認為，塔羅牌的占卜用途可能會掩蓋塔羅牌真正的意義和目的。透過凝物占卜和靜心的練習，你也可以更進一步超越象徵符號描述性的定義，提升到更具靈性的澄明、了悟的層次。最後這一章將會介紹如何進行凝物占卜、靜心以及打造塔羅聖壇的基本方法，這些都是為了培養你和無限、神性之間的連結。讓我們超越身體與頭腦的層面，探索靈性層面的生命藍圖。

## 凝物占卜

進行凝物占卜時，不一定要提出問題，它會為你顯現出尋找新訊息的過程。它和用來占卜的物體之間必須隔著一段距離，占卜的方式也有很多種，你可以凝視水、水晶、燭火、蠟油、黑色的鏡子、雲、煙、火焰，當然，還有塔羅牌。凝物占卜必須保持安靜幾個鐘頭，這讓許多人在還沒有得到結果之前就已經失去了耐性。任何事情透過練習方能臻於完美，凝物占卜也不例外。練習時必須安靜的坐在昏暗的房間裡，對某些人而言，要他們在沒有音樂、燈光或任何的視覺娛樂下安靜的坐著、保持沉默，都已是不可能的任務了，更別說要關起門來在昏黑的燈光下凝視塔羅牌、水晶、燭火或甚至什麼都沒有。難怪凝物占卜這門藝術總是曲高和寡。

## 宇宙知識

有一種永恆不朽的知識觀普遍存在世界上不同的文化、傳統中，以及記錄人類一切經驗與活動的阿卡沙祕錄。現代甚至用更為科學的角度，解釋儲存在人類基因密碼或細胞之內的記憶體。凝物占卜正可以帶領你進入這個宇宙知識的圖書館，了解過去、現在和未來。

## 靜心

在你進行凝物占卜後得到的新訊息，經過仔細的反省思考，獲得深刻的體悟並釐清了目標，這個過程就是靜心。靜心比凝物占卜來得普遍，從單純的尋求心靈寧靜、放鬆身體到了解個人存在於宇宙之間的意義，靜心包含了各式各樣的目的。運用塔羅牌可以揭開宇宙的奧祕，找到真正的平靜。挑選讓你覺得寧靜、愉悅的塔羅牌來靜心，像是太陽或聖杯十。靜心的方式就是一整天或在任何壓力降臨的時候，都能時時想著它們的牌義。

## 靜心的神奇力量

不需要設定任何目標，點上蠟燭，簡單的凝視塔羅牌中的某一張牌。對難以理解的奧祕保持開放的態度，你需要一段時間的練習才能放下欲望和思緒，深入內在，探觸永恆知識的神性泉源。有時候，靜心會為我們顯露深刻的意義、回溯童年和象徵符號之間的關連，有時候我們會接收到一些有關個人人生目的、生命的意義或永恆本體的訊息或使命。

# 凝物占卜

凝物占卜是一門神祕的科學。就像任何一門科學性的學科一樣，它也有規則和原理，但必須耐心練習才能真正了解。用塔羅牌進行凝物占卜的理由不勝枚舉，你可能想要深入研究每一張大阿爾克納，更徹底的認識它們的原型含意；也可能想把大阿爾克納的牌義融入生活中，但卻發現自己好長一段時間困在某一張牌上。還有可能是你在解牌和擺牌陣的過程中，發現某一、兩張牌特別讓你擔心害怕或是找不出關聯，你很想知道為什麼；又或者你正在克服某種生命中的能量，卻發現有一張牌正好有相同的模式。用一張特定的塔羅牌來進行凝物占卜，可以更了解它所代表的挑戰和現實。

透過以下的引導，讓你能夠了解儲存在自己的「硬體線路」元件模式裡的原型，展開凝物占卜的練習。當你可以開始練習，而且一次可以坐上二十分鐘的時候，就有能力完全清空你的腦袋，打開自我以接受集體潛意識或宇宙心智，不帶任何想法或心思的波動。重點是要放下所有物質層面的東西，才能超越物質的表象、進入微妙的靈性層面。舉個例子來說，這就像你總要先下車，走到車子外面後，才有可能進到屋子裡一樣。

## 石器時代的凝物占卜

在人類歷史出現文字之前，甚至語言和口傳文化都還未出現，人類的每一天都必須艱苦奮鬥才得以生存的時候，人類是怎麼學習的？知識如何傳遞？我認為，當時的人應該遠比現在的我們更了解自己和所處的環境，因為現代人的生活中，危險和威脅相對來說比較遙遠。古人用肉眼凝視天際、用鼻子耳朵感覺空氣，都算是占卜，他們大部分的時間都生活在深刻而有覺知的意識狀態中，對所有細微的訊息都保持警覺。現在的我們經歷的卻是資訊的爆炸，而且刻意讓感覺洞察能力變得遲鈍。趁著這個機會，重新喚起你遠古的感知能力，傾聽先祖們的智慧。

## 象徵符號的凝物占卜

最適合用在第一次凝物占卜的塔羅牌是你的生日牌或年牌（見59頁）。

- 坐在一個安靜、昏暗的房間裡，用一根蠟燭或燈箱照亮你的牌。
- 深吸一口氣，屏住呼吸，然後吐氣。繼續深長而規律的呼吸。
- 眼睛專注的凝視這張牌。
- 讓眼光渙散，心思沒有目的的漫遊。
- 再度把焦點慢慢縮小到這張牌上。
- 接著放鬆眼睛，讓眼皮下垂。
- 打開你的第三眼（代表直覺或靈視能力），感覺這張牌的原型。
- 觀察自然流入你心中的畫面和圖案。把它們寫下來，或者講出來
  錄在錄音機裡。
- 提問以下的問題，每個問題都留幾分鐘的空檔，好讓答案出現：

　　我的祖先們說了些什麼？

　　阿卡沙紀錄說了些什麼？

　　我現在為什麼在這裡？

　　關於這張牌我需要知道些什麼？

　　有哪些是我早在人類有歷史之前就已經知道的（在你的靈魂裡搜尋）？

## 以凝物占卜找出戰車的啓示

往往你剛覺得自己已經徹底的了解了某一張牌，但是卻馬上又學到一個
新的意義。現在，看看你能從戰車這張牌上，得到什麼新的智慧。

在戰車上，我的腳並沒有著地。

我的肉身是神賜給我的交通工具，它帶領我到心之所嚮往之處，可能是通
　往喜樂的康莊大道，也可能是直抵地獄的快速道路。一切都操之在我，
　是我駕馭這輛戰車。

就像車子最後注定要被送進垃圾場，這副臭皮囊也注定會入土為安。

身體能表達心靈，但是程度有限。

服膺於欲望的意志力，把我帶到現在的狀態。

小心你自己要把戰車駛向何方，因為它會確實載你到達那裡。

# 靜心

**到** 此,你已經知道如何利用塔羅牌來凝物占卜,尋找更深入內在的體悟了,接著你可以透過靜心的練習,把得到的新知識整合到日常生活中。凝物占卜其實很困難,因為必須放掉所有外在的東西(甚至是很微細的心靈活動),深入到微妙的、無意識的層次。相較之下,靜心要簡單、愉快、放鬆和寧靜多了。積極致力於靜心的練習,隨時保持開放的態度,與潛意識裡更高的自我搭起溝通的橋梁。

## 四階段的引導靜心

使用你在凝物占卜練習時的同一張牌來靜心,以了解這張牌在你的生命中如何運作。每一個階段都要給自己充裕的時間,好把每一個情節都完整的視覺化。靜心觀察你心中看到的每一個細節,還有塔羅牌上的細節。舒適的坐在安靜、祥和、不受干擾的地方,也可以播放一些調性音樂或其他能幫助你放鬆的優美音樂。把塔羅牌放在你不用拿著就可以輕易看到的位置,在靜心的過程中持續凝視。

- 向東方前行,等待太陽升起。欣賞花朵綻開,感覺微風在你的肌膚上舞蹈。你遇到一位風的存有體,他會教你如何看待這張塔羅牌在你生命中的意義。接受這個來自東方的禮物。

- 向南方前行,時值日正當中。你看到乾燥的沙丘,感覺四周的熱氣。你遇到一位火的存有體,他會告訴你這張塔羅牌如何轉化你的生命。接受這個來自南方的禮物。

- 向西方前行,欣賞夕陽西落。你看到流水潺潺,而萬物仍舊不停的生長。你遇到一位水的存有體,他會顯現這張塔羅牌在你生命裡的自然流動。接受這個來自西方的禮物。

- 子夜時分,向北方前行。你看到幢幢黑影,感覺到刺骨嚴寒。你遇到一位土的存有體,他會向你顯現這張塔羅牌在你生命裡靜定與穩重的力量。接受這個來自北方的禮物。

- 讓注意力回到此時此地,把你得到的教誨和禮物收好,感謝出現在這個過程中的存有體。最後,寫下你的體悟。

## 關於寶劍皇后的體悟

當你遇到事情而感到害怕、恐慌時，當你心情不佳或只是單純的覺得被負面的念頭打敗時，你可以把這些想法用塔羅牌原型的語言明白的表達出來。

當時……我是寶劍皇后，
我能勇敢的面對這位讓我失業、讓我離開公
　　司大樓的女士。
我大幅的縮減花費，希望能追逐夢想，而非
　　急於尋找下一個「工作」。
即使你不喜歡，我還是會實話實說。
我願意做沒有人想做的，骯髒、討厭、困
　　難、乏味的工作。
我對自己可能孤獨終老的事實聽天由命。
我為我的雜草噴灑農藥，而不是拔除。
我斷絕對我會有不好影響的人和往事。

## 現代的靜心

在我成長的過程中，一直以為靜心就是那種長鬍子的老人在喜馬拉雅山上做的事。那些和我一樣想尋找生命意義的人，就得上山去接受一些艱深難懂的教誨，然後可能花上一輩子左思右想，怎麼也想不通。從那之後我慢慢了解到，溫暖的浴缸對靜心的幫助可以遠大於寒冷的山顛。不管是白天或晚上最寧靜的時光、森林裡舒適怡人的樹叢或花園裡的長椅，只要是適合你的都是靜心的好時間好所在。你也可以放些音樂，適度的讓心中靜心冥想的那個部分自由徜徉。

# 與神祇相關

大部分的塔羅牌都會使用宗教或神聖的象徵，像是偉特塔羅的天使長、左拿法舶塔羅裡的佛陀、大師塔羅的百合以及女神塔羅中的蓮花等。市面上可以買到許多以宗教或靈性爲基礎的牌種，有些是七十八張，有些則不屬於標準形式。有這麼多的聖像或神祇的畫像可以選用，真的很棒。

### 祈禱與崇拜

把牌當成一張圖片，你可以把它框起來或維持原樣當成聖壇的擺飾，每天都去點香敬禱。使用圖片是爲了讓你一看到圖像，就能和祈禱、崇拜等靈性活動連結起來。此外，專注在某張特定的塔羅牌上，也能讓你的心保持豐盈，因爲你已經把許多代表意義和需留意小心的地方附加在這張牌上，即使它只是一張特定的神像或是象徵你視爲珍寶的理想境界。

　　古代吠陀哲學裡的「哲學的同時性、不可思議的單一性及差異性」（achintya-beda-abeda-tattva）弭平了許多質疑崇拜半神人、女神、自然靈是盲目偶像崇拜的聲音。神是無遠弗屆、無限慈悲的，他有無窮的能量且無所不在；他的能量可以同時存在一個物體上，也可同時分散在不同的地方，因此每天爲希臘羅馬神話中主司婚姻的朱諾女神獻香以祈求和諧的婚禮，和在教堂裡禮敬上帝並沒有兩樣。請注意，這只是一個簡單的例子用來說明神學領域的複雜性，神學並不在本書的討論範圍內。

### 塔羅牌崇拜

很重要的，在此必須強調當你使用歐丁神、無尾熊或雅典娜的牌時，並非代表它們是真的神。用這些牌架設聖壇是表示給予敬意，並且渴望達成它們所象徵的能量、典範或原型。如果神無所不在，自然也在塔羅牌裡，那麼塔羅牌就值得我們崇拜。布建一座聖壇、敬供你所選的神祇，會在你的家裡或生命中創造出神聖的空間，提升你的意識，使你的生命更聖潔也更具性靈。

渥得所創作的女神塔羅牌中，大阿爾克納分別是以二十二位來自世界上
不同文化的女神爲代表，小阿爾克納則是訴說女性的生命故事。

孟塔諾的大師塔羅牌，則清一色是耶穌的故事和教誨，不過有些作品的
畫風非常具有現代感。

Liebet einander
Love one another

Absoluter Glaube
Total Faith

# 布建聖壇

在你現有的神聖空間增添一張或幾張塔羅牌，來為你的神性創造一座聖壇，或是抓住靈光一現建立一個特別的壇。有幾種類型的聖壇適合布置在居家環境裡，你可以選擇最適合自己的。

### 基礎型

基礎型的聖壇力求簡單，如果你有空間考量，或者對香味過敏或有其他的原因，就不適合布置得太繁複。

- 找一個不做其他用途、可以供你專用的平面，大約一般桌子高度的小空間。
- 鋪上一塊漂亮的布，和其他的空間區別開來。
- 在可以清楚看見又不易被撞倒的位置，擺上你的神像。
- 在這張像前放一朵塑膠花、一塊寶石或是其他永久性的供禮。
- 每天撥出一些時間和你的神性「交談」。

### 精緻型

你可以在精心布置的聖壇裡，擺滿對你意義重大或對神用的物品。

- 在房間裡挪出一部分做為專用，選一塊平面，既可以容納你想擺放的東西，還有足夠的「運作」空間。
- 把你的神祇塔羅牌放在看得到的地方；此外，你也可以再加上一張較大的裝框神像。
- 還有一些隨處可見的物品適合用來布置你的聖壇，比方一個安全防火的薰香爐，用盛著沙礫或碎石的碗或者瓷質或金屬的碟子托著薰香爐，象徵風要素；一組穩當的燭臺，象徵火要素；用碗或杯子盛著每天更換的水，象徵水要素；用碟子盛裝土壤或者鹽巴，象徵土要素；一株植物或是新鮮的切花，象徵靈。
- 你也可以再增添其他你覺得可以強化你和神性連結的物件，像是在某個特別的日子撿到的石塊或羽毛、代表宗教節日的顏色或裝飾品、你的神性賦予你的禮物或你對神性的獻禮等。

## 出自大師塔羅牌的神性牌

34　敲門──開啟祈禱之門。

36　祈禱──設定一處聖壇，灌注能量，做為祈禱之處。

1　人子──耶穌的圖像。

27　完全的信仰──信任與禮讚的表達。

10　奇蹟──打開各種可能性。

14　相愛──令人渴望的奇蹟；愛。

## 目標導向型

這種塔羅聖壇是特別為了讓愛進入生命而設置，會使用大師塔羅牌裡耶穌的圖像和教誨。

- 理出一塊專用的空間。

- 擺上你想使用的牌，盡可能在你能輕易看到的地方把它們立起來。如果牌數較多，把它們的目的和你的理由寫下來，日子久了之後才能記憶猶新。

- 放置一些和你的目標相關聯的物品，像是紅色與白色的心形、玫瑰、寫著「愛是……」字句的物件，或任何讓你感到愛與被愛的東西。

- 每天，為「愛」燃點一根紅色的蠟燭，或者象徵心輪的綠色或粉紅色蠟燭，放在塔羅牌前。

- 獻出敬意與讚美，與你的更高力量「交談」；宣告你心中的渴望與目標──謀求別人或自己最大的利益。

- 祈求奇蹟出現。

- 凝視牌、用心傾聽，阿門。

## 以女神為主題的塔羅牌

這類牌主要在描述女神的能量與「目的」，像是代表新生的魯西娜、代表力量的月亮女神麻護、自我犧牲的觀音、成功昌盛的吉祥天女拉珂斯美。不管是北歐神話塔羅、美洲原住民塔羅、澳大利亞夢境塔羅或者凱爾特智慧塔羅，你選用的塔羅牌對你都具有特殊意義。

## 神聖保護圈

每天或每周進行以下的練習：

- 焚香、點燃蠟燭，撒上一點水和鹽，獻上鮮花或一些供禮，巧克力、金幣也行。

- 獻出禮讚與虔誠，做出正面的自我宣告。

- 傾聽出現在心裡的答案或教誨。

- 感謝你的神性，然後解除保護圈（見15頁）。

# 中文索引

# 英文索引

國家圖書館出版品預行編目資料

新手入門塔羅牌學習聖經／羅蕾萊夫人（Lady Lorelei）著；胡妙芬譯. -- 二版. -- 臺北市：貓頭鷹出版：家庭傳媒城邦分公司發行, 2008 .10

面； 公分. --

（新生活圖鑑：33）含索引

譯自：Tarot life planner : change your destiny and enrich your life

ISBN 978-986-6651-35-9（精裝）

1. 占卜

292.96　　　　　　　　　　　　　　　97015052